RAPHAEL'S ASTRONOMICAL

Ephemeris of the Planet's Places

for 2024

A Complete Aspectarian

INTRODUCTION

Greenwich Mean Time (GMT) has been used as the basis for all tabulations and times. The tabular data are for 12h GMT except for the additional Moon tabulations (headed 24h). All phenomena and aspect times are now in GMT (to obtain Local Mean Time of aspect, add / subtract the time equivalent of the longitude E / W respectively). The zodiacal sign ingresses are integrated with the Aspectarian as well as in a separate table (inside back cover). Additionally, the 10-daily positions for ***Chiron****, the four of the larger asteroids (****Ceres****,* ***Pallas****,* ***Juno*** *and* ***Vesta****) and the* ***Black Moon Lilith*** *have been drawn from Raphael's definitive 151-year Ephemeris (page 37).*

BRITISH SUMMER TIME

British Summer Time begins on March 31 and ends on October 27. When *British Summer Time* (one hour in advance of G.M.T.) is used, subtract one hour from B.S.T. before entering this Ephemeris. These dates are believed to be correct at the time of printing.

ISBN: 978 0 572 04836 5

A CIP record for this book is available from the British Library

Printed in Great Britain by Bishops Printers
(For earlier years phone 01256 302 692)

W. Foulsham & Co. Ltd. I
The Old Barrel Store, Draym
Marlow, Bucks, SL7 2FF, I

NEW MOON–Jan.11,11h.57m. (20°♑44′)

D M	D W	Sidereal Time	☉ Long.	☉ Dec.	☽ Long.	☽ Lat.	☽ Dec.	☽ Node	24h. ☽ Long.	24h. ☽ Dec.
		h m s	° ′ ″	° ′	° ′ ″	° ′	° ′	° ′	° ′ ″	° ′
1	M	18 42 35	10 ♑ 32 55	23 S 01	11 ♍ 54 27	3 N 11	10 N 02	20 ♈ 51	17 ♍ 48 35	7 N 22
2	T	18 46 31	11 34 03	22 56	23 42 32	2 19	4 N 37	20 48	29 36 57	1 N 51
3	W	18 50 28	12 35 12	22 51	5 ♎ 32 30	1 21	0 S 58	20 45	11 ♎ 29 51	3 S 47
4	Th	18 54 25	13 36 22	22 45	17 29 43	0 N 18	6 35	20 42	23 32 47	9 21
5	F	18 58 21	14 37 31	22 38	29 39 47	0 S 46	12 04	20 38	5 ♏ 51 21	14 42
6	S	19 02 18	15 38 41	22 31	12 ♏ 08 08	1 50	17 13	20 35	18 30 40	19 35
7	Su	19 06 14	16 39 51	22 24	24 59 28	2 50	21 45	20 32	1 ♐ 34 51	23 41
8	M	19 10 11	17 41 01	22 16	8 ♐ 17 05	3 42	25 21	20 29	15 06 15	26 40
9	T	19 14 07	18 42 11	22 08	22 02 15	4 24	27 35	20 26	29 04 47	28 06
10	W	19 18 04	19 43 22	21 59	6 ♑ 13 24	4 51	28 08	20 23	13 ♑ 27 26	27 42
11	Th	19 22 00	20 44 32	21 50	20 46 02	5 00	26 46	20 19	28 08 14	25 23
12	F	19 25 57	21 45 41	21 41	5 ♒ 32 57	4 49	23 33	20 16	12 ♒ 59 03	21 20
13	S	19 29 54	22 46 51	21 31	20 25 25	4 19	18 46	20 13	27 50 58	15 55
14	Su	19 33 50	23 47 59	21 21	5 ♓ 14 43	3 31	12 52	20 10	12 ♓ 35 48	9 38
15	M	19 37 47	24 49 07	21 10	19 53 31	2 30	6 S 18	20 07	27 07 21	2 S 55
16	T	19 41 43	25 50 15	20 59	4 ♈ 16 54	1 20	0 N 29	20 03	11 ♈ 21 58	3 N 50
17	W	19 45 40	26 51 21	20 47	18 22 27	0 S 06	7 06	20 00	25 18 23	10 16
18	Th	19 49 36	27 52 27	20 35	2 ♉ 09 53	1 N 06	13 16	19 57	8 ♉ 57 07	16 04
19	F	19 53 33	28 53 32	20 23	15 40 18	2 13	18 39	19 54	22 19 41	20 59
20	S	19 57 29	29 ♑ 54 36	20 10	28 55 30	3 12	23 02	19 51	5 ♊ 27 59	24 47
21	Su	20 01 26	0 ♒ 55 40	19 57	11 ♊ 57 20	3 59	26 11	19 48	18 23 43	27 13
22	M	20 05 23	1 56 42	19 44	24 47 17	4 34	27 54	19 44	1 ♋ 08 10	28 12
23	T	20 09 19	2 57 44	19 30	7 ♋ 26 26	4 54	28 08	19 41	13 42 09	27 42
24	W	20 13 16	3 58 44	19 16	19 55 22	5 00	26 55	19 38	26 06 08	25 48
25	Th	20 17 12	4 59 44	19 01	2 ♌ 14 30	4 52	24 24	19 35	8 ♌ 20 31	22 44
26	F	20 21 09	6 00 43	18 46	14 24 17	4 31	20 49	19 32	20 25 53	18 43
27	S	20 25 05	7 01 42	18 31	26 25 30	3 57	16 25	19 29	2 ♍ 23 19	13 59
28	Su	20 29 02	8 02 39	18 15	8 ♍ 19 34	3 14	11 26	19 25	14 14 35	8 48
29	M	20 32 58	9 03 36	17 59	20 08 41	2 22	6 05	19 22	26 02 17	3 N 19
30	T	20 36 55	10 04 32	17 43	1 ♎ 55 51	1 24	0 N 31	19 19	7 ♎ 49 53	2 S 18
31	W	20 40 52	11 ♒ 05 27	17 S 27	13 ♎ 44 57	0 N 22	5 S 05	19 ♈ 16	19 ♎ 41 38	7 S 51

D M	Mercury Lat.	Mercury Dec.		Venus Lat.	Venus Dec.		Mars Lat.	Mars Dec.		Jupiter Lat.	Jupiter Dec.
	° ′	° ′	° ′	° ′	° ′	° ′	° ′	° ′	° ′	° ′	° ′
1	3 N 02	20 S 11	20 S 15	1 N 56	18 S 54	19 S 09	0 S 33	23 S 58	24 S 00	1 S 11	12 N 16
3	2 52	20 21	20 29	1 52	19 24	19 39	0 34	24 01	24 01	1 10	12 17
5	2 38	20 37	20 47	1 48	19 52	20 06	0 36	24 02	24 02	1 10	12 18
7	2 22	20 56	21 07	1 44	20 19	20 31	0 37	24 02	24 02	1 09	12 20
9	2 04	21 17	21 28	1 40	20 43	20 54	0 38	24 01	24 00	1 09	12 21
11	1 46	21 39	21 49	1 35	21 04	21 14	0 39	23 59	23 58	1 08	12 23
13	1 27	21 59	22 08	1 30	21 24	21 32	0 40	23 57	23 55	1 07	12 26
15	1 09	22 17	22 25	1 25	21 41	21 48	0 41	23 53	23 50	1 07	12 28
17	0 51	22 32	22 39	1 20	21 55	22 01	0 42	23 48	23 45	1 06	12 31
19	0 33	22 45	22 49	1 14	22 07	22 12	0 44	23 42	23 38	1 06	12 34
21	0 N 15	22 53	22 56	1 09	22 16	22 20	0 45	23 35	23 31	1 05	12 37
23	0 S 01	22 57	22 58	1 03	22 23	22 26	0 46	23 27	23 22	1 04	12 41
25	0 17	22 57	22 55	0 57	22 27	22 29	0 47	23 18	23 13	1 04	12 44
27	0 32	22 53	22 48	0 52	22 29	22 29	0 48	23 07	23 02	1 03	12 48
29	0 46	22 43	22 S 36	0 46	22 28	22 S 26	0 49	22 56	22 S 50	1 03	12 52
31	1 S 00	22 S 28		0 N 40	22 S 24		0 S 50	22 S 44		1 S 02	12 N 57

FIRST QUARTER–Jan.18,03h.53m. (27°♈32′)

FULL MOON–Jan.25,17h.54m. (5°♌15′)

EPHEMERIS]					JANUARY 2024													3
D	☿	♀	♂	♃	♄	♅	♆	♇	Lunar Aspects									
M	Long.	Long.	Long.	Long.	Long.	Long.	Long.	Long.	☉	☿	♀	♂	♃	♄	♅	♆	♇
	° ′	° ′	° ′	° ′	° ′	° ′	° ′	° ′									
1	22♐ 13	3♐ 13	27♐ 41	5♉35	3♓17	19♉22	25♓05	29♑22	△								⚻
2	22D 11	4 26	28 25	5 35	3 23	19 21	25 06	29 24		□		□	⚻		△	☍	△
3	22 19	5 39	29 10	5 36	3 28	19 20	25 07	29 26			✱				⚻		
4	22 35	6 52	29♐ 54	5 37	3 34	19 19	25 08	29 28	□	✱	∠			⚻			
5	22 59	8 06	0♑39	5 38	3 39	19 18	25 09	29 30				✱	☍	△			□
6	23 29	9 19	1 24	5 39	3 45	19 16	25 10	29 32	✱	∠	⚺	∠				⚻	
7	24 05	10 32	2 09	5 41	3 51	19 15	25 11	29 34		⚺					☍	△	✱
8	24 47	11 45	2 53	5 42	3 56	19 14	25 12	29 36	∠		☌	⚺		□			∠
9	25 34	12 59	3 38	5 44	4 02	19 14	25 13	29 38	⚺	☌			⚻			□	
10	26 25	14 12	4 23	5 46	4 08	19 13	25 14	29 40				☌	△	✱	⚻		⚺
11	27 20	15 26	5 08	5 48	4 14	19 12	25 16	29 41	☌	⚺	⚺			∠	△	✱	
12	28 19	16 39	5 53	5 51	4 20	19 11	25 17	29 43			∠	⚺	□	⚺		∠	☌
13	29♐ 20	17 53	6 38	5 53	4 26	19 10	25 18	29 45	⚺	∠	✱	∠			□	⚺	
14	0♑25	19 06	7 23	5 56	4 32	19 10	25 19	29 47	∠	✱		✱	✱	☌			⚺
15	1 32	20 20	8 08	5 59	4 38	19 09	25 21	29 49	✱		□		∠		✱	☌	∠
16	2 41	21 34	8 53	6 03	4 44	19 08	25 22	29 51		□		□	⚺	⚺	∠		✱
17	3 53	22 47	9 38	6 06	4 51	19 08	25 23	29 53			△			∠	⚺		
18	5 06	24 01	10 24	6 10	4 57	19 07	25 25	29 55	□	△			☌	✱		⚺	□
19	6 21	25 15	11 09	6 13	5 03	19 07	25 26	29 57		⚻	⚻	△			☌	∠	
20	7 37	26 28	11 54	6 17	5 10	19 07	25 28	29♑59	△			⚻		□		✱	△
21	8 55	27 42	12 40	6 22	5 16	19 06	25 29	0♒01	⚻				⚺				⚻
22	10 14	28♐ 56	13 25	6 26	5 23	19 06	25 31	0 03			☍		∠		⚺	□	
23	11 35	0♑10	14 10	6 31	5 29	19 06	25 32	0 05		☍			✱	△	∠		
24	12 56	1 24	14 56	6 35	5 36	19 06	25 34	0 07				☍		⚻	✱	△	
25	14 19	2 37	15 41	6 40	5 42	19 05	25 35	0 09	☍				□				☍
26	15 43	3 51	16 27	6 46	5 49	19 05	25 37	0 11			⚻				□	⚻	
27	17 07	5 05	17 12	6 51	5 56	19D 05	25 38	0 13									
28	18 33	6 19	17 58	6 56	6 03	19 05	25 40	0 15		⚻	△	⚻	△	☍			
29	19 59	7 33	18 43	7 02	6 09	19 05	25 42	0 16	⚻	△		△	⚻		△	☍	⚻
30	21 26	8 47	19 29	7 08	6 16	19 06	25 43	0 18							⚻		△
31	22♑54	10♑01	20♑15	7♉14	6♓23	19♉06	25♓45	0♒20	△		□						

D	Saturn		Uranus		Neptune		Pluto	
M	Lat.	Dec.	Lat.	Dec.	Lat.	Dec.	Lat.	Dec.
	° ′	° ′	° ′	° ′	° ′	° ′	° ′	° ′
1	1S38	11S49	0S18	17N17	1S14	3S05	2S46	22S59
3	1 38	11 45	0 18	17 16	1 14	3 05	2 46	22 59
5	1 38	11 41	0 18	17 15	1 14	3 04	2 46	22 58
7	1 38	11 37	0 18	17 15	1 14	3 03	2 46	22 57
9	1 37	11 33	0 18	17 14	1 14	3 02	2 47	22 57
11	1 37	11 28	0 18	17 14	1 14	3 01	2 47	22 56
13	1 37	11 24	0 18	17 14	1 14	3 00	2 47	22 55
15	1 37	11 19	0 18	17 13	1 14	2 59	2 47	22 54
17	1 37	11 14	0 18	17 13	1 14	2 58	2 47	22 54
19	1 37	11 10	0 18	17 13	1 14	2 56	2 47	22 53
21	1 37	11 05	0 18	17 13	1 14	2 55	2 47	22 52
23	1 37	11 00	0 18	17 13	1 14	2 54	2 48	22 52
25	1 37	10 55	0 18	17 13	1 14	2 53	2 48	22 51
27	1 37	10 50	0 18	17 13	1 13	2 51	2 48	22 50
29	1 37	10 45	0 18	17 13	1 13	2 50	2 48	22 50
31	1S37	10S40	0S18	17N13	1S13	2S49	2S48	22S49

Mutual Aspects

1 ♀□♄. ☉∥♇.
2 ☿Stat.
3 ♀∇♃. ♂⚺♇.
4 ☉QΨ. 6 ☿⊥♇.
8 ☉⊥♀. ♀±♃.
9 ☉∠♄. ☿±♅. ☿□♆.
10 ☉△♅. ♀∠♇. ♂✱♄. ♂⚻♅.
12 ♂△♃. ☉∥☿.
13 ☿⚺♇. ☉∥♀.
14 ♀∇♅.
16 ☉✱♆. ♀⚻♃.
17 ☿⚻♅. ♀Q♄.
18 ☿✱♄. ♀⊥♇.
19 ☉⊥♄. ☿△♃. ♀±♅. ♀□♆.
20 ☉☌♇. 21 ☿∥♇.
22 ♂Q♆.
23 ♀⚺♇.
24 ☿Q♆.
26 ☉⚺♄. ♀⚻♅.
27 ☉□♃. ☿☌♂. ♅Stat.
28 ☿△♅. ♀✱♄. ☿∥♇.
29 ♀△♃. ♂△♅.
30 ☿∠♄. ♄⊥♇. ♂∥♇.
31 ☉∠♆.

LAST QUARTER–Jan. 4,03h.30m. (13°♎15′)

NEW MOON–Feb. 9,22h.59m. (20°♒41′)

D M	D W	Sidereal Time	☉ Long.	☉ Dec.	☽ Long.	☽ Lat.	☽ Dec.	☽ Node	24h. ☽ Long.	24h. ☽ Dec.
		h m s	° ′ ″	° ′	° ′ ″	° ′	° ′	° ′	° ′ ″	° ′
1	Th	20 44 48	12 ♒ 06 21	17 S 10	25 ♎ 40 35	0 S 42	10 S 34	19 ♈ 13	1 ♏ 42 27	13 S 13
2	F	20 48 45	13 07 15	16 53	7 ♏ 47 55	1 44	15 45	19 09	13 57 39	18 10
3	S	20 52 41	14 08 08	16 35	20 12 19	2 44	20 25	19 06	26 32 35	22 29
4	Su	20 56 38	15 09 00	16 17	2 ♐ 59 01	3 37	24 18	19 03	9 ♐ 32 07	25 50
5	M	21 00 34	16 09 51	15 59	16 12 20	4 20	27 02	19 00	22 59 56	27 52
6	T	21 04 31	17 10 42	15 41	29 55 01	4 50	28 17	18 57	6 ♑ 57 34	28 14
7	W	21 08 27	18 11 32	15 23	14 ♑ 07 17	5 04	27 44	18 54	21 23 43	26 44
8	Th	21 12 24	19 12 20	15 04	28 46 08	4 59	25 17	18 50	6 ♒ 13 39	23 22
9	F	21 16 21	20 13 07	14 45	13 ♒ 45 09	4 33	21 03	18 47	21 19 25	18 23
10	S	21 20 17	21 13 54	14 25	28 55 09	3 48	15 24	18 44	6 ♓ 31 00	12 12
11	Su	21 24 14	22 14 38	14 06	14 ♓ 05 41	2 47	8 49	18 41	21 37 58	5 S 20
12	M	21 28 10	23 15 21	13 46	29 06 49	1 34	1 S 47	18 38	6 ♈ 31 18	1 N 44
13	T	21 32 07	24 16 03	13 26	13 ♈ 50 45	0 S 16	5 N 13	18 34	21 04 38	8 34
14	W	21 36 03	25 16 43	13 06	28 12 38	1 N 01	11 47	18 31	5 ♉ 14 36	14 48
15	Th	21 40 00	26 17 21	12 45	12 ♉ 10 32	2 12	17 35	18 28	19 00 33	20 06
16	F	21 43 56	27 17 58	12 25	25 44 51	3 14	22 20	18 25	2 ♊ 23 46	24 14
17	S	21 47 53	28 18 33	12 04	8 ♊ 57 35	4 03	25 48	18 22	15 26 43	27 00
18	Su	21 51 50	29 ♒ 19 06	11 43	21 51 30	4 39	27 50	18 19	28 12 21	28 18
19	M	21 55 46	0 ♓ 19 37	11 21	4 ♋ 29 35	5 01	28 23	18 15	10 ♋ 43 35	28 06
20	T	21 59 43	1 20 07	11 00	16 54 39	5 08	27 28	18 12	23 03 05	26 30
21	W	22 03 39	2 20 35	10 38	29 09 08	5 01	25 14	18 09	5 ♌ 13 04	23 41
22	Th	22 07 36	3 21 01	10 17	11 ♌ 15 05	4 40	21 53	18 06	17 15 24	19 52
23	F	22 11 32	4 21 25	9 55	23 14 12	4 07	17 39	18 03	29 11 41	15 17
24	S	22 15 29	5 21 47	9 33	5 ♍ 08 03	3 23	12 47	18 00	11 ♍ 03 29	10 10
25	Su	22 19 25	6 22 08	9 10	16 58 13	2 31	7 28	17 56	22 52 30	4 N 42
26	M	22 23 22	7 22 28	8 48	28 46 34	1 32	1 N 54	17 53	4 ♎ 40 44	0 S 55
27	T	22 27 19	8 22 45	8 26	10 ♎ 35 20	0 N 29	3 S 45	17 50	16 30 44	6 32
28	W	22 31 15	9 23 01	8 03	22 27 20	0 S 35	9 17	17 47	28 25 35	11 58
29	Th	22 35 12	10 ♓ 23 16	7 S 40	4 ♏ 25 57	1 S 39	14 S 33	17 ♈ 44	10 ♏ 28 57	17 S 01

D M	Mercury Lat.	Mercury Dec.		Venus Lat.	Venus Dec.		Mars Lat.	Mars Dec.		Jupiter Lat.	Jupiter Dec.
	° ′	° ′	° ′	° ′	° ′	° ′	° ′	° ′	° ′	° ′	° ′
1	1 S 06	22 S 19	22 S 09	0 N 37	22 S 21	22 S 17	0 S 51	22 S 38	22 S 31	1 S 02	12 N 59
3	1 18	21 57	21 44	0 31	22 13	22 08	0 52	22 24	22 17	1 01	13 04
5	1 28	21 30	21 14	0 25	22 03	21 56	0 53	22 10	22 02	1 01	13 09
7	1 38	20 57	20 38	0 19	21 50	21 42	0 54	21 54	21 46	1 00	13 14
9	1 46	20 18	19 57	0 13	21 34	21 25	0 55	21 38	21 29	1 00	13 19
11	1 53	19 35	19 11	0 07	21 15	21 05	0 56	21 20	21 11	0 59	13 24
13	1 59	18 46	18 19	0 N 01	20 55	20 43	0 57	21 02	20 52	0 59	13 30
15	2 03	17 51	17 21	0 S 04	20 31	20 19	0 57	20 43	20 33	0 58	13 36
17	2 05	16 51	16 18	0 10	20 05	19 52	0 58	20 22	20 12	0 58	13 42
19	2 07	15 45	15 10	0 15	19 37	19 22	0 59	20 01	19 50	0 57	13 48
21	2 06	14 34	13 56	0 21	19 07	18 51	1 00	19 39	19 28	0 57	13 54
23	2 04	13 17	12 36	0 26	18 34	18 17	1 01	19 17	19 05	0 56	14 00
25	1 59	11 55	11 11	0 31	18 00	17 41	1 02	18 53	18 41	0 56	14 06
27	1 53	10 27	9 41	0 36	17 23	17 04	1 03	18 29	18 16	0 55	14 13
29	1 45	8 54	8 S 06	0 41	16 44	16 S 24	1 04	18 04	17 S 51	0 55	14 20
31	1 S 34	7 S 17		0 S 46	16 S 03		1 S 04	17 S 38		0 S 55	14 N 26

FIRST QUARTER–Feb.16,15h.01m. (27°♉26′)

FULL MOON–Feb.24,12h.30m. (5°♍23′)

D M	☿ Long.	♀ Long.	♂ Long.	♃ Long.	♄ Long.	♅ Long.	♆ Long.	♇ Long.	☉	☿	♀	♂	♃	♄	♅	♆	♇
	° ′	° ′	° ′	° ′	° ′	° ′	° ′	° ′									
1	24♑23	11♑15	21♑00	7♉20	6♓30	19♉06	25♓47	0♒22		□		□		⚼			□
2	25 53	12 29	21 46	7 26	6 37	19 06	25 49	0 24	□		✱		☍	△		⚼	
3	27 23	13 43	22 32	7 33	6 44	19 07	25 51	0 26				✱			☍	△	
4	28♑54	14 57	23 18	7 39	6 51	19 07	25 52	0 28		✱	∠	∠		□			✱
5	0♒26	16 11	24 03	7 46	6 58	19 08	25 54	0 30	✱	∠	⊻		⚼				∠
6	1 59	17 26	24 49	7 53	7 05	19 08	25 56	0 32	∠	⊻		⊻			⚼	□	⊻
7	3 32	18 40	25 35	8 00	7 12	19 09	25 58	0 34	⊻		☌		△	✱	△		
8	5 07	19 54	26 21	8 08	7 19	19 09	26 00	0 36		☌		☌		∠		✱	☌
9	6 42	21 08	27 07	8 15	7 26	19 10	26 02	0 37	☌				□	⊻	□	∠	
10	8 18	22 22	27 53	8 23	7 33	19 11	26 04	0 39			⊻	⊻				⊻	⊻
11	9 54	23 36	28 39	8 31	7 40	19 11	26 06	0 41		⊻	∠	∠	✱	☌	✱		∠
12	11 32	24 51	29♑25	8 38	7 47	19 12	26 08	0 43	⊻	∠	✱	✱	∠		∠	☌	✱
13	13 10	26 05	0♒11	8 47	7 55	19 13	26 10	0 45	∠	✱			⊻	⊻	⊻		
14	14 49	27 19	0 57	8 55	8 02	19 14	26 12	0 47	✱		□	□		∠		⊻	□
15	16 29	28 33	1 44	9 03	8 09	19 15	26 14	0 48		□			☌	✱		∠	
16	18 10	29♑47	2 30	9 12	8 16	19 16	26 16	0 50	□		△				☌	✱	△
17	19 51	1♒02	3 16	9 20	8 23	19 17	26 18	0 52				△	⊻	□			
18	21 34	2 16	4 02	9 29	8 31	19 18	26 20	0 54		△	⚼	⚼	∠		⊻	□	⚼
19	23 17	3 30	4 48	9 38	8 38	19 19	26 22	0 55	△	⚼			✱	△	∠		
20	25 02	4 44	5 35	9 47	8 45	19 21	26 24	0 57	⚼						✱		
21	26 47	5 58	6 21	9 56	8 53	19 22	26 26	0 59						⚼		△	☍
22	28♒33	7 13	7 07	10 05	9 00	19 23	26 28	1 01			☍	☍	□			⚼	
23	0♓20	8 27	7 53	10 15	9 07	19 25	26 30	1 02							□		
24	2 08	9 41	8 40	10 24	9 15	19 26	26 32	1 04	☍	☍			△	☍			
25	3 57	10 55	9 26	10 34	9 22	19 28	26 35	1 06							△		⚼
26	5 47	12 10	10 13	10 44	9 29	19 29	26 37	1 07			⚼	⚼	⚼		⚼	☍	△
27	7 38	13 24	10 59	10 54	9 36	19 31	26 39	1 09			△	△					
28	9 30	14 38	11 45	11 04	9 44	19 32	26 41	1 11	⚼	⚼				⚼			
29	11♓23	15♒52	12♒32	11♉14	9♓51	19♉34	26♓43	1♒12						△			□

D M	Saturn Lat.	Saturn Dec.	Uranus Lat.	Uranus Dec.	Neptune Lat.	Neptune Dec.	Pluto Lat.	Pluto Dec.
	° ′	° ′	° ′	° ′	° ′	° ′	° ′	° ′
1	1S37	10S37	0S18	17N13	1S13	2S48	2S48	22S49
3	1 37	10 32	0 18	17 13	1 13	2 46	2 49	22 48
5	1 37	10 27	0 18	17 13	1 13	2 45	2 49	22 47
7	1 37	10 22	0 17	17 14	1 13	2 43	2 49	22 47
9	1 37	10 17	0 17	17 14	1 13	2 42	2 49	22 46
11	1 37	10 11	0 17	17 15	1 13	2 40	2 50	22 46
13	1 37	10 06	0 17	17 15	1 13	2 39	2 50	22 45
15	1 37	10 01	0 17	17 16	1 13	2 37	2 50	22 45
17	1 37	9 55	0 17	17 16	1 13	2 35	2 50	22 44
19	1 37	9 50	0 17	17 17	1 13	2 34	2 50	22 43
21	1 37	9 44	0 17	17 18	1 13	2 32	2 51	22 43
23	1 37	9 39	0 17	17 18	1 13	2 30	2 51	22 42
25	1 37	9 33	0 17	17 19	1 13	2 29	2 51	22 42
27	1 37	9 28	0 17	17 20	1 13	2 27	2 52	22 41
29	1 37	9 23	0 17	17 21	1 13	2 25	2 52	22 41
31	1S37	9S17	0S17	17N22	1S13	2S23	2S52	22S41

Mutual Aspects

1 ☉#♅. ☿∥♀.
2 ☿✱♆. ♂∠♄.
3 ♀Q♆.
5 ☉⊻♀. ☿⊥♄. ☿☌♇.
7 ♀△♅. ♄Q♅.
8 ☉□♅. ♂✱♆.
9 ☉⊥♆. ☿⊻♄.
10 ☿□♃. ♀∠♄.
12 ☿∠♆.
13 ♀✱♆. ☉#♃.
14 ♂☌♇. 15 ☉⊻♆.
16 ☉Q♃. ♂⊥♄. ☿#♅.
17 ☿□♅. ☿⊥♆. ♀☌♇.
18 ♀⊥♄. 20 ☉⊻♇.
21 ☿⊻♆.
22 ☿Q♃. ♀☌♂. ☿#♃.
23 ☿⊻♇.
24 ♀⊻♄. ☉∥♄.
25 ♀□♃. ♂⊻♄.
26 ☉Q♅. ☉⊥♇. ♀∠♆.
27 ☿Q♅. ☿⊥♇. ♂□♃. ♀#♅.
28 ☉☌☿. ☉☌♄. ☿☌♄. ♂∠♆. ☿∥♄.
29 ☿✱♃.

LAST QUARTER–Feb. 2,23h.18m. (13°♏36′)

NEW MOON–Mar.10,09h.00m. (20°♓17′)

D M	D W	Sidereal Time	☉ Long.	☉ Dec.	☽ Long.	☽ Lat.	☽ Dec.	☽ Node	24h. ☽ Long.	24h. ☽ Dec.
		h m s	° ′ ″	° ′	° ′ ″	° ′	° ′	° ′	° ′ ″	° ′
1	F	22 39 08	11 ♓ 23 29	7 S 18	16 ♏ 35 08	2 S 40	19 S 20	17 ♈ 40	22 ♏ 45 01	21 S 29
2	S	22 43 05	12 23 40	6 55	28 59 12	3 34	23 24	17 37	5 ♐ 18 14	25 05
3	Su	22 47 01	13 23 50	6 32	11 ♐ 42 40	4 19	26 28	17 34	18 12 59	27 31
4	M	22 50 58	14 23 59	6 08	24 49 40	4 52	28 12	17 31	1 ♑ 33 03	28 29
5	T	22 54 54	15 24 06	5 45	8 ♑ 23 25	5 11	28 20	17 28	15 20 53	27 44
6	W	22 58 51	16 24 11	5 22	22 25 26	5 11	26 41	17 25	29 36 51	25 11
7	Th	23 02 48	17 24 15	4 59	6 ♒ 54 43	4 53	23 16	17 21	14 ♒ 18 26	20 56
8	F	23 06 44	18 24 17	4 35	21 47 11	4 14	18 15	17 18	29 20 00	15 15
9	S	23 10 41	19 24 18	4 12	6 ♓ 55 44	3 17	12 01	17 15	14 ♓ 33 10	8 35
10	Su	23 14 37	20 24 16	3 48	22 10 57	2 06	5 S 02	17 12	29 47 50	1 S 24
11	M	23 18 34	21 24 13	3 25	7 ♈ 22 32	0 S 46	2 N 14	17 09	14 ♈ 53 54	5 N 48
12	T	23 22 30	22 24 07	3 01	22 20 56	0 N 37	9 16	17 06	29 42 48	12 34
13	W	23 26 27	23 24 00	2 37	6 ♉ 58 49	1 55	15 39	17 02	14 ♉ 08 32	18 29
14	Th	23 30 23	24 23 50	2 14	21 11 39	3 03	21 00	16 59	28 08 03	23 12
15	F	23 34 20	25 23 38	1 50	4 ♊ 57 46	3 59	25 03	16 56	11 ♊ 40 57	26 30
16	S	23 38 17	26 23 24	1 26	18 17 52	4 40	27 35	16 53	24 48 52	28 15
17	Su	23 42 13	27 23 08	1 02	1 ♋ 14 20	5 06	28 32	16 50	7 ♋ 34 44	28 25
18	M	23 46 10	28 22 49	0 39	13 50 32	5 16	27 57	16 46	20 02 12	27 08
19	T	23 50 06	29 ♓ 22 28	0 S 15	26 10 15	5 11	26 00	16 43	2 ♌ 15 08	24 34
20	W	23 54 03	0 ♈ 22 05	0 N 09	8 ♌ 17 19	4 52	22 53	16 40	14 17 14	20 58
21	Th	23 57 59	1 21 40	0 32	20 15 18	4 20	18 51	16 37	26 11 55	16 33
22	F	0 01 56	2 21 12	0 56	2 ♍ 07 27	3 38	14 07	16 34	8 ♍ 02 13	11 33
23	S	0 05 52	3 20 42	1 20	13 56 33	2 46	8 53	16 31	19 50 45	6 08
24	Su	0 09 49	4 20 10	1 43	25 45 06	1 48	3 N 20	16 27	1 ♎ 39 52	0 N 30
25	M	0 13 46	5 19 36	2 07	7 ♎ 35 18	0 N 44	2 S 20	16 24	13 31 40	5 S 10
26	T	0 17 42	6 19 00	2 30	19 29 14	0 S 22	7 58	16 21	25 28 16	10 42
27	W	0 21 39	7 18 22	2 54	1 ♏ 29 02	1 27	13 21	16 18	7 ♏ 31 49	15 54
28	Th	0 25 35	8 17 43	3 17	13 36 55	2 30	18 18	16 15	19 44 40	20 32
29	F	0 29 32	9 17 01	3 41	25 55 22	3 26	22 34	16 12	2 ♐ 09 24	24 22
30	S	0 33 28	10 16 17	4 04	8 ♐ 27 05	4 13	25 53	16 08	14 48 49	27 06
31	Su	0 37 25	11 ♈ 15 32	4 N 27	21 ♐ 14 55	4 S 49	27 S 58	16 ♈ 05	27 ♐ 45 46	28 S 28

D M	Mercury Lat.	Mercury Dec.		Venus Lat.	Venus Dec.		Mars Lat.	Mars Dec.		Jupiter Lat.	Jupiter Dec.
	° ′	° ′	° ′	° ′	° ′	° ′	° ′	° ′	° ′	° ′	° ′
1	1 S 39	8 S 06	7 S 17	0 S 43	16 S 24	16 S 03	1 S 04	17 S 51	17 S 38	0 S 55	14 N 23
3	1 28	6 27	5 35	0 48	15 42	15 21	1 05	17 25	17 11	0 54	14 30
5	1 14	4 43	3 50	0 52	14 59	14 36	1 06	16 58	16 44	0 54	14 37
7	0 57	2 56	2 01	0 56	14 14	13 51	1 06	16 30	16 16	0 54	14 44
9	0 38	1 S 06	0 S 11	1 00	13 27	13 03	1 07	16 02	15 47	0 53	14 51
11	0 S 17	0 N 45	1 N 40	1 04	12 39	12 14	1 08	15 33	15 18	0 53	14 58
13	0 N 06	2 35	3 30	1 08	11 50	11 24	1 08	15 03	14 48	0 52	15 05
15	0 30	4 23	5 16	1 11	10 59	10 33	1 09	14 33	14 18	0 52	15 12
17	0 55	6 07	6 56	1 14	10 07	9 40	1 10	14 02	13 47	0 52	15 20
19	1 21	7 44	8 29	1 17	9 14	8 47	1 10	13 31	13 15	0 51	15 27
21	1 46	9 12	9 52	1 19	8 20	7 52	1 11	12 59	12 43	0 51	15 34
23	2 09	10 30	11 04	1 21	7 25	6 57	1 11	12 27	12 10	0 51	15 42
25	2 31	11 35	12 03	1 23	6 29	6 01	1 12	11 54	11 37	0 50	15 49
27	2 49	12 27	12 48	1 25	5 33	5 04	1 12	11 21	11 04	0 50	15 57
29	3 03	13 04	13 N 17	1 27	4 36	4 S 07	1 13	10 47	10 S 30	0 50	16 04
31	3 N 13	13 N 26		1 S 28	3 S 38		1 S 13	10 S 13		0 S 49	16 N 12

FIRST QUARTER–Mar.17,04h.11m. (27°♊04′)

FULL MOON–Mar.25,07h.00m. (5°♎07′)

D M	☿ Long.	♀ Long.	♂ Long.	♃ Long.	♄ Long.	♅ Long.	♆ Long.	♇ Long.	☉	☿	♀	♂	♃	♄	♅	♆	♇
	° ′	° ′	° ′	° ′	° ′	° ′	° ′	° ′									
1	13♓16	17♒07	13♒18	11♉24	9♓58	19♉36	26♓46	1♒14	△	△	□	□	☍		☍	⚼	
2	15 11	18 21	14 05	11 34	10 06	19 37	26 48	1 15								△	✱
3	17 06	19 35	14 51	11 45	10 13	19 39	26 50	1 17	□	□		✱		□			∠
4	19 01	20 50	15 38	11 55	10 20	19 41	26 52	1 18			✱	∠	⚼			□	⊻
5	20 57	22 04	16 24	12 06	10 28	19 43	26 54	1 20			∠		△	✱	⚼		
6	22 54	23 18	17 11	12 17	10 35	19 45	26 57	1 21	✱	✱	⊻	⊻		∠	△	✱	
7	24 50	24 32	17 57	12 28	10 42	19 47	26 59	1 23	∠	∠			□	⊻		∠	☌
8	26 46	25 47	18 44	12 39	10 50	19 49	27 01	1 24	⊻	⊻	☌	☌			□	⊻	
9	28♓43	27 01	19 31	12 50	10 57	19 51	27 03	1 26					✱	☌			⊻
10	0♈38	28 15	20 17	13 01	11 04	19 53	27 06	1 27	☌		⊻	⊻	∠		✱	☌	∠
11	2 33	29♒30	21 04	13 12	11 12	19 55	27 08	1 29		☌		∠	⊻	⊻	∠		✱
12	4 26	0♓44	21 50	13 24	11 19	19 57	27 10	1 30	⊻		∠	✱		∠	⊻	⊻	
13	6 18	1 58	22 37	13 35	11 26	20 00	27 13	1 31	∠	⊻	✱		☌	✱		∠	□
14	8 08	3 12	23 24	13 47	11 33	20 02	27 15	1 33	✱	∠		□			☌	✱	
15	9 55	4 27	24 10	13 58	11 40	20 04	27 17	1 34		✱	□						△
16	11 40	5 41	24 57	14 10	11 48	20 06	27 19	1 35					⊻	□	⊻		⚼
17	13 21	6 55	25 44	14 22	11 55	20 09	27 22	1 36	□		△	△	∠		∠	□	
18	14 58	8 09	26 30	14 34	12 02	20 11	27 24	1 38		□		⚼	✱	△			
19	16 31	9 24	27 17	14 46	12 09	20 14	27 26	1 39	△		⚼			⚼	✱	△	☍
20	17 58	10 38	28 04	14 58	12 16	20 16	27 28	1 40								⚼	
21	19 21	11 52	28 50	15 10	12 23	20 19	27 31	1 41	⚼	△			□		□		
22	20 38	13 06	29♒37	15 22	12 30	20 21	27 33	1 42		⚼		☍					
23	21 49	14 20	0♓24	15 34	12 37	20 24	27 35	1 44			☍		△	☍			⚼
24	22 53	15 35	1 10	15 47	12 44	20 26	27 38	1 45					⚼		△	☍	
25	23 51	16 49	1 57	15 59	12 51	20 29	27 40	1 46	☍						⚼		△
26	24 42	18 03	2 44	16 11	12 58	20 32	27 42	1 47		☍		⚼					
27	25 25	19 17	3 31	16 24	13 05	20 35	27 44	1 48			⚼	△		⚼			□
28	26 01	20 31	4 17	16 37	13 12	20 37	27 47	1 49					☍	△		⚼	
29	26 30	21 46	5 04	16 49	13 19	20 40	27 49	1 50	⚼		△				☍	△	✱
30	26 52	23 00	5 51	17 02	13 26	20 43	27 51	1 51	△	⚼		□		□			
31	27♈06	24♓14	6♓37	17♉15	13♓33	20♉46	27♓53	1♒52		△	□						∠

D M	Saturn Lat.	Saturn Dec.	Uranus Lat.	Uranus Dec.	Neptune Lat.	Neptune Dec.	Pluto Lat.	Pluto Dec.
	° ′	° ′	° ′	° ′	° ′	° ′	° ′	° ′
1	1S37	9S20	0S17	17N22	1S13	2S24	2S52	22S41
3	1 37	9 14	0 17	17 23	1 13	2 23	2 52	22 40
5	1 38	9 09	0 17	17 24	1 13	2 21	2 52	22 40
7	1 38	9 03	0 17	17 25	1 13	2 19	2 53	22 40
9	1 38	8 58	0 17	17 26	1 13	2 17	2 53	22 39
11	1 38	8 53	0 17	17 27	1 13	2 15	2 53	22 39
13	1 38	8 47	0 17	17 28	1 13	2 14	2 54	22 39
15	1 38	8 42	0 17	17 29	1 13	2 12	2 54	22 38
17	1 38	8 37	0 17	17 31	1 13	2 10	2 54	22 38
19	1 39	8 31	0 17	17 32	1 13	2 08	2 55	22 38
21	1 39	8 26	0 17	17 33	1 13	2 06	2 55	22 37
23	1 39	8 21	0 17	17 35	1 13	2 05	2 55	22 37
25	1 39	8 16	0 16	17 36	1 13	2 03	2 56	22 37
27	1 39	8 11	0 16	17 38	1 13	2 01	2 56	22 37
29	1 40	8 06	0 16	17 39	1 13	1 59	2 56	22 37
31	1S40	8S01	0S16	17N41	1S13	1S58	2S56	22S37

Mutual Aspects

1 ☉✱♃. ☿⊻♂.
3 ☿∠♇. ♀□♅. ☉∥☿. ♂#♅.
4 ☿✱♅. ♀⊥♆. ♃∠♆.
6 ☉∠♇. ☿⊥♂. ♀#♃.
7 ☿⊻♀.
8 ☿∠♃. ☿☌♆. ☿∥♆.
9 ☉⊻♂. ☉✱♅. ♀⊻♆. ♂□♅.
10 ☿✱♇. 11 ♂⊥♆.
12 ☿∠♅.
13 ♀Q♃. ♀⊻♇. ☉#☿. ☿#♆. ♂#♃.
14 ☿∠♂. ☿⊥♃. ☉∥♆.
16 ☿⊥♀. ☿⊻♄.
17 ☉☌♆. ☿Q♇.
18 ☿⊻♃. ☿⊥♅. ♀Q♅. ♀⊥♇.
19 ☉∠♃. ♂⊻♆.
20 ☿⊥♄. ☿#♀. ☿#♄.
21 ☉✱♇. ♀☌♄. ♀∥♄.
22 ☿⊻♅. 24 ♀✱♃.
25 ☉∠♅. ♀∠♇. ♂⊻♇. ☉#♆. ☿#♂.
27 ☿⊥♀. 28 ♀✱♅.
29 ♂Q♃.
30 ☉#♀.
31 ☉⊥♃.

LAST QUARTER–Mar. 3,15h.23m. (13°♐32′)

NEW MOON–Apr. 8,18h.21m. (19°♈24′)

D M	D W	Sidereal Time	☉ Long.	☉ Dec.	☽ Long.	☽ Lat.	☽ Dec.	☽ Node	24h. ☽ Long.	24h. ☽ Dec.
		h m s	° ′ ″	° ′	° ′ ″	° ′	° ′	° ′	° ′ ″	° ′
1	M	0 41 21	12 ♈ 14 45	4 N50	4 ♑ 21 40	5 S 12	28 S 33	16 ♈ 02	11 ♑ 02 54	28 S 14
2	T	0 45 18	13 13 56	5 13	17 49 43	5 17	27 30	15 59	24 42 16	26 20
3	W	0 49 15	14 13 06	5 36	1 ♒ 40 36	5 05	24 45	15 56	8 ♒ 44 41	22 46
4	Th	0 53 11	15 12 13	5 59	15 54 22	4 35	20 26	15 52	23 09 19	17 46
5	F	0 57 08	16 11 19	6 22	0 ♓ 29 05	3 45	14 49	15 49	7 ♓ 53 04	11 37
6	S	1 01 04	17 10 23	6 45	15 20 31	2 41	8 15	15 46	22 50 33	4 S 44
7	Su	1 05 01	18 09 26	7 07	0 ♈ 22 09	1 24	1 S 08	15 43	7 ♈ 54 17	2 N29
8	M	1 08 57	19 08 26	7 30	15 25 49	0 S 01	6 N04	15 40	22 55 40	9 32
9	T	1 12 54	20 07 24	7 52	0 ♉ 22 45	1 N21	12 52	15 37	7 ♉ 46 05	15 59
10	W	1 16 50	21 06 20	8 14	15 04 48	2 36	18 51	15 33	22 18 10	21 24
11	Th	1 20 47	22 05 14	8 36	29 25 36	3 40	23 36	15 30	6 ♊ 26 42	25 26
12	F	1 24 44	23 04 06	8 58	13 ♊ 21 12	4 29	26 51	15 27	20 09 00	27 50
13	S	1 28 40	24 02 56	9 20	26 50 10	5 01	28 24	15 24	3 ♋ 24 52	28 34
14	Su	1 32 37	25 01 44	9 41	9 ♋ 53 24	5 16	28 19	15 21	16 16 08	27 42
15	M	1 36 33	26 00 29	10 03	22 33 31	5 15	26 44	15 18	28 46 04	25 26
16	T	1 40 30	26 59 12	10 24	4 ♌ 54 18	4 59	23 53	15 14	10 ♌ 58 48	22 04
17	W	1 44 26	27 57 53	10 45	17 00 08	4 31	20 02	15 11	22 58 52	17 49
18	Th	1 48 23	28 56 32	11 06	28 55 35	3 51	15 27	15 08	4 ♍ 50 50	12 57
19	F	1 52 19	29 ♈ 55 08	11 27	10 ♍ 45 07	3 02	10 20	15 05	16 38 59	7 38
20	S	1 56 16	0 ♉ 53 42	11 47	22 32 52	2 05	4 N52	15 02	28 27 14	2 N03
21	Su	2 00 13	1 52 14	12 07	4 ♎ 22 28	1 N02	0 S 47	14 58	10 ♎ 18 58	3 S 38
22	M	2 04 09	2 50 44	12 28	16 17 02	0 S 03	6 27	14 55	22 17 00	9 14
23	T	2 08 06	3 49 12	12 47	28 19 06	1 09	11 57	14 52	4 ♏ 23 36	14 35
24	W	2 12 02	4 47 39	13 07	10 ♏ 30 41	2 13	17 05	14 49	16 40 32	19 25
25	Th	2 15 59	5 46 03	13 27	22 53 19	3 11	21 35	14 46	29 09 09	23 30
26	F	2 19 55	6 44 26	13 46	5 ♐ 28 10	4 01	25 10	14 43	11 ♐ 50 28	26 32
27	S	2 23 52	7 42 47	14 05	18 16 09	4 40	27 34	14 39	24 45 19	28 14
28	Su	2 27 48	8 41 06	14 24	1 ♑ 18 03	5 05	28 31	14 36	7 ♑ 54 27	28 23
29	M	2 31 45	9 39 24	14 42	14 34 35	5 14	27 51	14 33	21 18 31	26 54
30	T	2 35 42	10 ♉ 37 41	15 N01	28 ♑ 06 18	5 S 07	25 S 33	14 ♈ 30	4 ♒ 58 00	23 S 49

D M	Mercury Lat.	Mercury Dec.		Venus Lat.	Venus Dec.		Mars Lat.	Mars Dec.		Jupiter Lat.	Jupiter Dec.
	° ′	° ′	° ′	° ′	° ′	° ′	° ′	° ′	° ′	° ′	° ′
1	3 N16	13 N31	13 N 32	1 S 28	3 S09	2 S 40	1 S 13	9 S 56	9 S 38	0 S 49	16 N15
3	3 17	13 30	13 23	1 29	2 11	1 42	1 14	9 21	9 04	0 49	16 23
5	3 12	13 12	12 58	1 30	1 12	0 S 43	1 14	8 46	8 29	0 49	16 30
7	3 01	12 41	12 20	1 30	0 S 14	0 N16	1 14	8 11	7 53	0 48	16 38
9	2 43	11 57	11 31	1 30	0 N45	1 15	1 15	7 35	7 18	0 48	16 45
11	2 19	11 03	10 34	1 29	1 44	2 13	1 15	7 00	6 42	0 48	16 53
13	1 51	10 03	9 32	1 29	2 43	3 12	1 15	6 24	6 06	0 47	17 00
15	1 20	9 01	8 30	1 28	3 41	4 10	1 15	5 47	5 29	0 47	17 08
17	0 47	8 00	7 31	1 27	4 40	5 09	1 16	5 11	4 53	0 47	17 15
19	0 N13	7 04	6 38	1 26	5 37	6 06	1 16	4 35	4 16	0 47	17 23
21	0 S 19	6 15	5 54	1 24	6 35	7 03	1 16	3 58	3 40	0 46	17 30
23	0 50	5 35	5 18	1 22	7 32	8 00	1 16	3 21	3 03	0 46	17 37
25	1 19	5 05	4 53	1 20	8 28	8 56	1 16	2 44	2 26	0 46	17 44
27	1 44	4 45	4 39	1 18	9 23	9 51	1 16	2 08	1 49	0 46	17 52
29	2 06	4 35	4 N 34	1 16	10 18	10 N45	1 16	1 31	1 S 12	0 46	17 59
31	2 S 25	4 N36		1 S 13	11 N12		1 S 16	0 S 54		0 S 45	18 N06

FIRST QUARTER–Apr.15,19h.13m. (26°♋18′)

FULL MOON–Apr.23,23h.49m. (4°♏18′)

EPHEMERIS] APRIL 2024

D M	☿ Long.	♀ Long.	♂ Long.	♃ Long.	♄ Long.	♅ Long.	♆ Long.	♇ Long.	Lunar Aspects ☉	☿	♀	♂	♃	♄	♅	♆	♇
	° ′	° ′	° ′	° ′	° ′	° ′	° ′	° ′									
1	27℞ 12	25♓28	7♓24	17♉28	13♓39	20♉49	27♓55	1♒52				✱	⚼		⚼	□	⚺
2	27 12	26 42	8 11	17 41	13 46	20 51	27 58	1 53	□			∠	△	✱	△		
3	27 05	27 56	8 57	17 54	13 53	20 54	28 00	1 54		□	✱			∠		✱	☌
4	26 50	29♓11	9 44	18 07	13 59	20 57	28 02	1 55	✱		∠	⚺	□	⚺	□	∠	
5	26 30	0♈25	10 31	18 20	14 06	21 00	28 04	1 56	∠	✱	⚺					⚺	⚺
6	26 04	1 39	11 17	18 33	14 13	21 03	28 07	1 56	⚺	∠		☌	✱	☌	✱		∠
7	25 33	2 53	12 04	18 46	14 19	21 06	28 09	1 57		⚺	☌		∠		∠	☌	✱
8	24 58	4 07	12 51	18 59	14 26	21 09	28 11	1 58	☌			⚺	⚺	⚺	⚺		
9	24 19	5 21	13 37	19 13	14 32	21 13	28 13	1 59		☌	⚺	∠		∠		⚺	□
10	23 37	6 35	14 24	19 26	14 38	21 16	28 15	1 59	⚺		∠	✱	☌	✱	☌	∠	
11	22 53	7 49	15 11	19 39	14 45	21 19	28 17	2 00		⚺						✱	△
12	22 08	9 04	15 57	19 53	14 51	21 22	28 19	2 00	∠	∠	✱	□	⚺	□			⚼
13	21 23	10 18	16 44	20 06	14 57	21 25	28 21	2 01	✱	✱					⚺	□	
14	20 38	11 32	17 30	20 20	15 04	21 28	28 24	2 02			□		∠	△	∠		
15	19 55	12 46	18 17	20 33	15 10	21 32	28 26	2 02	□	□		△	✱		✱	△	
16	19 13	14 00	19 04	20 47	15 16	21 35	28 28	2 02				⚼		⚼			☍
17	18 35	15 14	19 50	21 00	15 22	21 38	28 30	2 03		△	△		□		□	⚼	
18	18 00	16 28	20 37	21 14	15 28	21 41	28 32	2 03	△	⚼	⚼						
19	17 29	17 42	21 23	21 28	15 34	21 45	28 34	2 04	⚼					☍			
20	17 02	18 56	22 10	21 42	15 40	21 48	28 36	2 04				☍	△		△		⚼
21	16 40	20 10	22 56	21 55	15 46	21 51	28 38	2 04					⚼		⚼	☍	△
22	16 22	21 24	23 42	22 09	15 51	21 54	28 40	2 05		☍	☍						
23	16 09	22 38	24 29	22 23	15 57	21 58	28 42	2 05	☍					⚼			□
24	16 02	23 52	25 15	22 37	16 03	22 01	28 44	2 05				⚼		△		⚼	
25	15**D** 59	25 06	26 02	22 51	16 08	22 05	28 46	2 05				△	☍		☍	△	
26	16 01	26 20	26 48	23 05	16 14	22 08	28 47	2 06		⚼							✱
27	16 08	27 34	27 34	23 18	16 20	22 11	28 49	2 06	⚼	△	⚼			□			∠
28	16 20	28♈48	28 21	23 32	16 25	22 15	28 51	2 06			△	□			⚼	□	⚺
29	16 37	0♉01	29 07	23 46	16 30	22 18	28 53	2 06	△	□			⚼	✱			
30	16♈58	1♉15	29♓53	24♉00	16♓36	22♉22	28♓55	2♒06			□	✱	△	∠	△	✱	☌

D M	Saturn Lat.	Saturn Dec.	Uranus Lat.	Uranus Dec.	Neptune Lat.	Neptune Dec.	Pluto Lat.	Pluto Dec.
	° ′	° ′	° ′	° ′	° ′	° ′	° ′	° ′
1	1S40	7S58	0S16	17N42	1S13	1S57	2S57	22S37
3	1 40	7 53	0 16	17 43	1 13	1 55	2 57	22 37
5	1 41	7 48	0 16	17 45	1 13	1 53	2 57	22 37
7	1 41	7 43	0 16	17 46	1 13	1 52	2 58	22 37
9	1 41	7 39	0 16	17 48	1 13	1 50	2 58	22 37
11	1 41	7 34	0 16	17 50	1 13	1 48	2 58	22 37
13	1 42	7 29	0 16	17 51	1 13	1 47	2 59	22 37
15	1 42	7 25	0 16	17 53	1 13	1 45	2 59	22 37
17	1 42	7 20	0 16	17 55	1 14	1 43	2 59	22 37
19	1 43	7 16	0 16	17 56	1 14	1 42	3 00	22 37
21	1 43	7 12	0 16	17 58	1 14	1 40	3 00	22 37
23	1 43	7 08	0 16	18 00	1 14	1 39	3 00	22 37
25	1 44	7 04	0 16	18 02	1 14	1 37	3 01	22 38
27	1 44	7 00	0 16	18 03	1 14	1 36	3 01	22 38
29	1 44	6 56	0 16	18 05	1 14	1 34	3 01	22 38
31	1S45	6S52	0S16	18N07	1S14	1S33	3S02	22S38

Mutual Aspects

1 ☿ Stat.
2 ☿⚺♀. ♂⊥♇.
3 ☉⚺♄. ☉Q♇. ♀☌♆. ♂Q♅.
4 ☉⊥♅. ♀∥♆.
6 ☿∠♂. ♀✱♇.
7 ☉⊥♂.
8 ☉⚺♃. ♀∠♃. ☉#♄.
9 ☉⊥♄. ☉#♂. ♂∥♄.
10 ☉⚺♅. ♀∠♅. ♂☌♄.
11 ☉☌☿. ♀#♆.
12 ☿⊥♂.
13 ☿⊥♄. ☿⚺♅. ♂∠♇.
14 ☿⚺♃. ☉∥☿.
16 ☿⚺♂. ♀Q♇.
17 ♀⊥♃. ♀⚺♄. ♀⊥♅.
18 ☉⚺♆. ♀#♂.
19 ☿☌♀. ♂✱♃. ♂✱♅. ☿#♄.
20 ☉∠♄.
21 ☉□♇. ♃☌♅. ☿∥♀.
22 ☿⊥♃. ♀⊥♄. ♀⚺♅. ♀#♄.
23 ♀⚺♃.
24 ☉⊥♆. ☿⚺♄. ☿⊥♅.
25 ☿ Stat.
27 ☿⊥♅. ♀⚺♂.
28 ☿⚺♄. ♀⚺♆.
29 ♂☌♆. ♂∥♆.
30 ♀∠♄.

LAST QUARTER–Apr. 2,03h.15m. (12°♑52′)

NEW MOON–May 8,03h.22m. (18° ♉ 02′)

D M	D W	Sidereal Time	☉ Long.	☉ Dec.	☽ Long.	☽ Lat.	☽ Dec.	☽ Node	24h. ☽ Long.	24h. ☽ Dec.
		h m s	° ′ ″	° ′	° ′ ″	° ′	° ′	° ′	° ′ ″	° ′
1	W	2 39 38	11 ♉ 35 55	15 N19	11 ♒ 53 36	4 S41	21 S43	14 ♈ 27	18 ♒ 53 04	19 S19
2	Th	2 43 35	12 34 09	15 37	25 56 20	3 59	16 37	14 23	3 ♓ 03 15	13 41
3	F	2 47 31	13 32 21	15 54	10 ♓ 13 34	3 01	10 32	14 20	17 27 01	7 13
4	S	2 51 28	14 30 31	16 11	24 43 11	1 51	3 S48	14 17	2 ♈ 01 34	0 S18
5	Su	2 55 24	15 28 40	16 29	9 ♈ 21 35	0 S33	3 N12	14 14	16 42 33	6 N41
6	M	2 59 21	16 26 47	16 45	24 03 43	0 N47	10 04	14 11	1 ♉ 24 16	13 19
7	T	3 03 17	17 24 53	17 02	8 ♉ 43 21	2 04	16 22	14 08	16 00 08	19 10
8	W	3 07 14	18 22 58	17 18	23 13 46	3 12	21 41	14 04	0 ♊ 23 31	23 50
9	Th	3 11 11	19 21 01	17 34	7 ♊ 28 40	4 07	25 37	14 01	14 28 40	26 58
10	F	3 15 07	20 19 02	17 50	21 23 04	4 45	27 54	13 58	28 11 33	28 23
11	S	3 19 04	21 17 01	18 05	4 ♋ 53 57	5 06	28 27	13 55	11 ♋ 30 13	28 06
12	Su	3 23 00	22 14 59	18 20	18 00 29	5 11	27 22	13 52	24 24 56	26 16
13	M	3 26 57	23 12 55	18 35	0 ♌ 43 54	5 00	24 52	13 49	6 ♌ 57 48	23 11
14	T	3 30 53	24 10 49	18 49	13 07 07	4 35	21 16	13 45	19 12 24	19 08
15	W	3 34 50	25 08 41	19 03	25 14 14	3 58	16 50	13 42	1 ♍ 13 14	14 23
16	Th	3 38 46	26 06 32	19 17	7 ♍ 10 02	3 11	11 50	13 39	13 05 16	9 10
17	F	3 42 43	27 04 21	19 30	18 59 36	2 16	6 27	13 36	24 53 39	3 N40
18	S	3 46 40	28 02 08	19 43	0 ♎ 48 01	1 16	0 N51	13 33	6 ♎ 43 16	1 S59
19	Su	3 50 36	28 59 53	19 56	12 39 59	0 N12	4 S49	13 29	18 38 38	7 37
20	M	3 54 33	29 ♉ 57 37	20 08	24 39 42	0 S52	10 22	13 26	0 ♏ 43 34	13 03
21	T	3 58 29	0 ♊ 55 19	20 21	6 ♏ 50 35	1 56	15 37	13 23	13 01 03	18 04
22	W	4 02 26	1 53 01	20 32	19 15 10	2 55	20 20	13 20	25 33 04	22 24
23	Th	4 06 22	2 50 40	20 44	1 ♐ 54 52	3 46	24 14	13 17	8 ♐ 20 34	25 46
24	F	4 10 19	3 48 19	20 55	14 50 08	4 27	26 59	13 14	21 23 27	27 51
25	S	4 14 15	4 45 56	21 05	28 00 22	4 54	28 20	13 10	4 ♑ 40 43	28 23
26	Su	4 18 12	5 43 32	21 16	11 ♑ 24 17	5 06	28 02	13 07	18 10 51	27 15
27	M	4 22 09	6 41 08	21 25	25 00 10	5 01	26 04	13 04	1 ♒ 52 02	24 29
28	T	4 26 05	7 38 42	21 35	8 ♒ 46 13	4 39	22 33	13 01	15 42 32	20 17
29	W	4 30 02	8 36 15	21 44	22 40 49	4 00	17 44	12 58	29 40 54	14 56
30	Th	4 33 58	9 33 47	21 53	6 ♓ 42 40	3 06	11 56	12 55	13 ♓ 45 58	8 46
31	F	4 37 55	10 ♊ 31 19	22 N01	20 ♓ 50 39	2 S01	5 S29	12 ♈ 51	27 ♓ 56 36	2 S07

D M	Mercury Lat.	Mercury Dec.	Mercury Dec.	Venus Lat.	Venus Dec.	Venus Dec.	Mars Lat.	Mars Dec.	Mars Dec.	Jupiter Lat.	Jupiter Dec.
	° ′	° ′	° ′	° ′	° ′	° ′	° ′	° ′	° ′	° ′	° ′
1	2 S25	4 N36	4 N40	1 S 13	11 N12	11 N38	1 S 16	0 S54	0 S 36	0 S 45	18 N06
3	2 41	4 46	4 54	1 10	12 04	12 30	1 16	0 S17	0 N 01	0 45	18 13
5	2 53	5 04	5 17	1 07	12 56	13 21	1 16	0 N20	0 38	0 45	18 20
7	3 02	5 31	5 47	1 04	13 46	14 11	1 15	0 56	1 15	0 45	18 27
9	3 08	6 05	6 25	1 00	14 35	14 59	1 15	1 33	1 51	0 45	18 34
11	3 11	6 46	7 09	0 56	15 23	15 46	1 15	2 09	2 28	0 44	18 40
13	3 12	7 33	7 59	0 53	16 09	16 31	1 15	2 46	3 04	0 44	18 47
15	3 09	8 25	8 53	0 49	16 53	17 15	1 14	3 22	3 40	0 44	18 54
17	3 05	9 23	9 53	0 45	17 36	17 56	1 14	3 58	4 16	0 44	19 00
19	2 57	10 24	10 56	0 41	18 17	18 36	1 14	4 34	4 51	0 44	19 06
21	2 48	11 29	12 03	0 36	18 55	19 14	1 13	5 09	5 27	0 44	19 13
23	2 36	12 38	13 13	0 32	19 32	19 50	1 13	5 44	6 02	0 44	19 19
25	2 22	13 48	14 24	0 27	20 07	20 24	1 12	6 19	6 37	0 43	19 25
27	2 07	15 01	15 38	0 23	20 40	20 55	1 12	6 54	7 11	0 43	19 31
29	1 49	16 14	16 N 51	0 18	21 10	21 N25	1 11	7 28	7 N 45	0 43	19 37
31	1 S30	17 N28		0 S 13	21 N38		1 S 11	8 N02		0 S 43	19 N43

FIRST QUARTER–May 15,11h.48m. (25° ♌ 08′)

FULL MOON–May 23,13h.53m. (2°♐55′)

EPHEMERIS] MAY 2024

D M	☿ Long.	♀ Long.	♂ Long.	♃ Long.	♄ Long.	♅ Long.	♆ Long.	♇ Long.	☉	☿	♀	♂	♃	♄	♅	♆	♇
	° ′	° ′	° ′	° ′	° ′	° ′	° ′	° ′									
1	17♈24	2♉29	0♈39	24♉14	16♓41	22♉25	28♓57	2♒06	□	✱		∠		⊻		∠	
2	17 54	3 43	1 26	24 28	16 46	22 28	28 58	2℞06				⊻	□		□	⊻	⊻
3	18 28	4 57	2 12	24 42	16 51	22 32	29 00	2 06	✱	∠	✱			☌			∠
4	19 06	6 11	2 58	24 57	16 56	22 35	29 02	2 06	∠	⊻	∠		✱		✱	☌	
5	19 48	7 25	3 44	25 11	17 01	22 39	29 04	2 06	⊻		⊻	☌	∠		∠		✱
6	20 33	8 39	4 30	25 25	17 06	22 42	29 05	2 06		☌			⊻	⊻	⊻	⊻	
7	21 22	9 53	5 16	25 39	17 11	22 46	29 07	2 06			☌	⊻		∠		∠	□
8	22 14	11 07	6 02	25 53	17 16	22 49	29 09	2 06	☌	⊻		∠	☌	✱	☌	✱	
9	23 10	12 21	6 48	26 07	17 20	22 53	29 10	2 06		∠	⊻	✱					△
10	24 08	13 34	7 34	26 21	17 25	22 56	29 12	2 05	⊻	✱			⊻	□	⊻		⚼
11	25 10	14 48	8 20	26 35	17 30	23 00	29 13	2 05	∠		∠	□			∠	□	
12	26 14	16 02	9 06	26 49	17 34	23 03	29 15	2 05	✱		✱		∠	△	✱		
13	27 22	17 16	9 52	27 04	17 38	23 07	29 17	2 05		□			✱	⚼		△	☍
14	28 32	18 30	10 38	27 18	17 43	23 10	29 18	2 04			□	△				⚼	
15	29♈44	19 44	11 24	27 32	17 47	23 14	29 20	2 04	□	△		⚼	□		□		
16	1♉00	20 57	12 09	27 46	17 51	23 17	29 21	2 04									
17	2 17	22 11	12 55	28 00	17 55	23 21	29 22	2 03		⚼	△			☍	△		⚼
18	3 38	23 25	13 41	28 14	17 59	23 24	29 24	2 03	△				△			☍	△
19	5 00	24 39	14 26	28 29	18 03	23 28	29 25	2 02	⚼		⚼	☍	⚼		⚼		
20	6 25	25 53	15 12	28 43	18 07	23 31	29 26	2 02									
21	7 53	27 06	15 57	28 57	18 11	23 34	29 28	2 01		☍				⚼			□
22	9 23	28 20	16 43	29 11	18 14	23 38	29 29	2 01						△	☍	⚼	
23	10 55	29♉34	17 28	29 25	18 18	23 41	29 30	2 00	☍		☍	⚼	☍			△	✱
24	12 30	0♊48	18 14	29 39	18 21	23 45	29 32	2 00				△		□			∠
25	14 06	2 01	18 59	29♉53	18 25	23 48	29 33	1 59		⚼						□	⊻
26	15 46	3 15	19 44	0♊08	18 28	23 52	29 34	1 59		△			⚼		⚼		
27	17 27	4 29	20 30	0 22	18 31	23 55	29 35	1 58	⚼		⚼	□	△	✱	△	✱	
28	19 11	5 43	21 15	0 36	18 34	23 59	29 36	1 57	△		△			∠		∠	☌
29	20 57	6 56	22 00	0 50	18 38	24 02	29 37	1 56		□		✱		⊻	□	⊻	
30	22 46	8 10	22 45	1 04	18 41	24 05	29 38	1 56	□		□	∠	□				⊻
31	24♉36	9♊24	23♈30	1♊18	18♓43	24♉09	29♓39	1♒55		✱		⊻		☌	✱		∠

D M	Saturn Lat.	Saturn Dec.	Uranus Lat.	Uranus Dec.	Neptune Lat.	Neptune Dec.	Pluto Lat.	Pluto Dec.
	° ′	° ′	° ′	° ′	° ′	° ′	° ′	° ′
1	1S45	6S52	0S16	18N07	1S14	1S33	3S02	22S38
3	1 45	6 48	0 16	18 09	1 14	1 32	3 02	22 39
5	1 46	6 45	0 16	18 11	1 14	1 30	3 02	22 39
7	1 46	6 41	0 16	18 12	1 14	1 29	3 03	22 40
9	1 46	6 38	0 16	18 14	1 14	1 28	3 03	22 40
11	1 47	6 35	0 16	18 16	1 14	1 27	3 03	22 40
13	1 47	6 32	0 16	18 18	1 14	1 26	3 04	22 41
15	1 48	6 29	0 16	18 19	1 14	1 24	3 04	22 41
17	1 48	6 26	0 16	18 21	1 15	1 23	3 05	22 42
19	1 49	6 23	0 16	18 23	1 15	1 22	3 05	22 42
21	1 49	6 21	0 16	18 25	1 15	1 21	3 05	22 43
23	1 49	6 18	0 16	18 26	1 15	1 20	3 06	22 43
25	1 50	6 16	0 16	18 28	1 15	1 20	3 06	22 44
27	1 50	6 14	0 16	18 30	1 15	1 19	3 06	22 45
29	1 51	6 12	0 16	18 32	1 15	1 18	3 06	22 45
31	1S51	6S10	0S16	18N33	1S15	1S17	3S07	22S46

Mutual Aspects

1 ♀□♇. ♃∥♅.
2 ♇ Stat.
3 ☉∠♆. ♀⊥♆. ♂✱♇.
4 ☿⊥♃. 6 ♄∠♇.
7 ☉✱♄.
9 ☿⊥♄. ☿⊻♅. ♂#♆.
10 ♀⊥♂.
11 ♀∠♆. ♂∠♅. ☿#♄.
12 ☉∥♅.
13 ☉☌♅. ☿⊻♃. ♀✱♄.
14 ☉∥♃. 15 ☿⊻♆.
17 ☿□♇. ♂∠♃.
18 ☉☌♃. ☿∠♄. ♀☌♅. ♂Q♇.
19 ☉✱♆. ☿⊥♆. ♀∥♅.
20 ☉Q♄. 21 ☉∠♂.
22 ☉△♇. ♀∥♃.
23 ♀☌♃. ♀✱♆. ♂⊥♅. ♃✱♆.
24 ♀Q♄. ♂⊻♄.
25 ☿∠♆. ♀△♇. ♂#♄.
28 ☿✱♄. ♃Q♄.
29 ♀∠♂. 30 ☿⊻♂.
31 ☿☌♅.

LAST QUARTER–May 1,11h.27m. (11°♒35′) & May 30,17h.13m. (9°♓46′)

NEW MOON–June 6,12h.38m. (16°♊18′)

D M	D W	Sidereal Time	☉ Long.	☉ Dec.	☽ Long.	☽ Lat.	☽ Dec.	☽ Node	24h. ☽ Long.	24h. ☽ Dec.
		h m s	° ′ ″	° ′	° ′ ″	° ′	° ′	° ′	° ′ ″	° ′
1	S	4 41 51	11 ♊ 28 50	22 N09	5 ♈ 03 37	0 S48	1 N17	12 ♈ 48	12 ♈ 11 28	4 N40
2	Su	4 45 48	12 26 20	22 17	19 19 53	0 N28	8 00	12 45	26 28 32	11 14
3	M	4 49 44	13 23 49	22 24	3 ♉ 37 01	1 43	14 20	12 42	10 ♉ 44 53	17 14
4	T	4 53 41	14 21 18	22 31	17 51 37	2 50	19 53	12 39	24 56 41	22 14
5	W	4 57 38	15 18 46	22 38	1 ♊ 59 29	3 47	24 16	12 35	8 ♊ 59 27	25 55
6	Th	5 01 34	16 16 13	22 44	15 56 01	4 29	27 09	12 32	22 48 40	27 58
7	F	5 05 31	17 13 39	22 50	29 36 57	4 55	28 21	12 29	6 ♋ 20 31	28 18
8	S	5 09 27	18 11 04	22 55	12 ♋ 59 04	5 03	27 50	12 26	19 32 28	26 59
9	Su	5 13 24	19 08 29	23 00	26 00 40	4 56	25 47	12 23	2 ♌ 23 43	24 16
10	M	5 17 20	20 05 52	23 04	8 ♌ 41 48	4 34	22 29	12 20	14 55 11	20 28
11	T	5 21 17	21 03 14	23 08	21 04 15	3 59	18 15	12 16	27 09 26	15 52
12	W	5 25 13	22 00 36	23 12	3 ♍ 11 16	3 15	13 22	12 13	9 ♍ 10 18	10 45
13	Th	5 29 10	22 57 56	23 15	15 07 08	2 22	8 03	12 10	21 02 27	5 N17
14	F	5 33 07	23 55 15	23 18	26 56 54	1 24	2 N30	12 07	2 ♎ 51 10	0 S19
15	S	5 37 03	24 52 33	23 20	8 ♎ 45 55	0 N22	3 S08	12 04	14 41 50	5 57
16	Su	5 41 00	25 49 51	23 22	20 39 34	0 S41	8 42	12 01	26 39 44	11 25
17	M	5 44 56	26 47 08	23 24	2 ♏ 42 55	1 43	14 02	11 57	8 ♏ 49 40	16 33
18	T	5 48 53	27 44 24	23 25	15 00 24	2 42	18 55	11 54	21 15 34	21 06
19	W	5 52 49	28 41 39	23 26	27 35 25	3 34	23 05	11 51	4 ♐ 00 13	24 49
20	Th	5 56 46	29 ♊ 38 54	23 26	10 ♐ 30 02	4 16	26 14	11 48	17 04 52	27 20
21	F	6 00 42	0 ♋ 36 08	23 26	23 44 38	4 45	28 03	11 45	0 ♑ 29 06	28 21
22	S	6 04 39	1 33 22	23 26	7 ♑ 17 57	5 00	28 14	11 41	14 10 47	27 40
23	Su	6 08 36	2 30 35	23 25	21 07 07	4 57	26 40	11 38	28 06 25	25 15
24	M	6 12 32	3 27 48	23 24	5 ♒ 08 09	4 37	23 27	11 35	12 ♒ 11 45	21 18
25	T	6 16 29	4 25 01	23 22	19 16 42	3 59	18 49	11 32	26 22 29	16 05
26	W	6 20 25	5 22 14	23 20	3 ♓ 28 40	3 07	13 08	11 29	10 ♓ 34 53	10 00
27	Th	6 24 22	6 19 26	23 17	17 40 49	2 02	6 45	11 26	24 46 13	3 S25
28	F	6 28 18	7 16 39	23 14	1 ♈ 50 53	0 S51	0 S03	11 22	8 ♈ 54 42	3 N19
29	S	6 32 15	8 13 52	23 11	15 57 31	0 N24	6 N38	11 19	22 59 17	9 52
30	Su	6 36 11	9 ♋ 11 05	23 N07	29 ♈ 59 52	1 N36	12 N58	11 ♈ 16	6 ♉ 59 10	15 N54

D M	Mercury Lat.	Mercury Dec.		Venus Lat.	Venus Dec.		Mars Lat.	Mars Dec.		Jupiter Lat.	Jupiter Dec.
	° ′	° ′	° ′	° ′	° ′	° ′	° ′	° ′	° ′	° ′	° ′
1	1 S20	18 N04	18 N40	0 S11	21 N51	22 N04	1 S10	8 N19	8 N36	0 S43	19 N46
3	1 00	19 15	19 50	0 06	22 16	22 27	1 10	8 52	9 09	0 43	19 52
5	0 38	20 24	20 56	0 S02	22 38	22 48	1 09	9 25	9 42	0 43	19 57
7	0 S16	21 27	21 57	0 N03	22 57	23 06	1 08	9 58	10 14	0 43	20 03
9	0 N05	22 25	22 51	0 08	23 14	23 21	1 07	10 30	10 46	0 43	20 08
11	0 26	23 15	23 37	0 13	23 28	23 34	1 07	11 02	11 17	0 42	20 13
13	0 46	23 56	24 12	0 17	23 39	23 43	1 06	11 33	11 48	0 42	20 19
15	1 04	24 26	24 38	0 22	23 47	23 50	1 05	12 04	12 19	0 42	20 24
17	1 20	24 46	24 51	0 27	23 53	23 55	1 04	12 34	12 49	0 42	20 29
19	1 33	24 54	24 54	0 31	23 56	23 56	1 03	13 03	13 18	0 42	20 34
21	1 43	24 51	24 46	0 36	23 56	23 55	1 02	13 32	13 47	0 42	20 38
23	1 50	24 38	24 28	0 40	23 53	23 50	1 01	14 01	14 15	0 42	20 43
25	1 54	24 15	24 00	0 44	23 47	23 43	1 00	14 29	14 42	0 42	20 47
27	1 55	23 43	23 25	0 48	23 39	23 33	0 59	14 56	15 09	0 42	20 52
29	1 54	23 04	22 N42	0 52	23 27	23 N21	0 58	15 23	15 N36	0 42	20 56
31	1 N50	22 N19		0 N56	23 N13		0 S57	15 N49		0 S42	21 N00

FIRST QUARTER–June14,05h.18m. (23°♍39′)

FULL MOON–June22,01h.08m. (1°♑07′)

D M	☿ Long.	♀ Long.	♂ Long.	♃ Long.	♄ Long.	♅ Long.	♆ Long.	♇ Long.	☉	☿	♀	♂	♃	♄	♅	♆	♇
	° ′	° ′	° ′	° ′	° ′	° ′	° ′	° ′	Lunar Aspects								
1	26♉29	10♊38	24♈15	1♊32	18♓46	24♉12	29♓40	1♒54	✱		✱		✱		∠	☌	✱
2	28♉24	11 51	25 00	1 46	18 49	24 15	29 41	1 53		∠		☌	∠	⚺	⚺		
3	0♊22	13 05	25 45	2 00	18 52	24 19	29 42	1 53	∠	⚺	∠		⚺	∠		⚺	□
4	2 21	14 19	26 30	2 14	18 54	24 22	29 43	1 52	⚺		⚺			✱	☌	∠	
5	4 23	15 33	27 15	2 28	18 56	24 25	29 44	1 51		☌		⚺	☌			✱	△
6	6 26	16 46	28 00	2 42	18 59	24 29	29 45	1 50	☌		☌	∠		□			⚼
7	8 31	18 00	28 45	2 56	19 01	24 32	29 46	1 49				✱	⚺		⚺	□	
8	10 38	19 14	29♈29	3 10	19 03	24 35	29 47	1 48	⚺	⚺			∠	△	∠		
9	12 46	20 28	0♉14	3 23	19 05	24 39	29 47	1 47		∠	⚺	□			✱	△	☍
10	14 56	21 41	0 58	3 37	19 07	24 42	29 48	1 46	∠		∠		✱	⚼		⚼	
11	17 06	22 55	1 43	3 51	19 09	24 45	29 49	1 45	✱	✱	✱				□		
12	19 17	24 09	2 27	4 05	19 11	24 48	29 49	1 44				△	□				
13	21 29	25 23	3 12	4 19	19 12	24 51	29 50	1 43				⚼		☍			⚼
14	23 41	26 36	3 56	4 32	19 14	24 55	29 51	1 42	□	□	□				△	☍	△
15	25 53	27 50	4 40	4 46	19 15	24 58	29 51	1 41					△		⚼		
16	28♊05	29♊04	5 24	5 00	19 17	25 01	29 52	1 40	△				⚼				
17	0♋16	0♋17	6 08	5 13	19 18	25 04	29 52	1 39		△	△	☍		⚼			□
18	2 26	1 31	6 52	5 27	19 19	25 07	29 53	1 38	⚼	⚼	⚼			△		⚼	
19	4 35	2 45	7 36	5 40	19 20	25 10	29 53	1 37							☍	△	✱
20	6 43	3 59	8 20	5 54	19 21	25 13	29 54	1 36					☍				∠
21	8 49	5 12	9 04	6 07	19 22	25 16	29 54	1 35				⚼		□		□	
22	10 54	6 26	9 48	6 21	19 23	25 19	29 54	1 33	☍	☍	☍	△			⚼		⚺
23	12 57	7 40	10 32	6 34	19 24	25 22	29 55	1 32					⚼	✱	△		
24	14 59	8 53	11 15	6 47	19 24	25 25	29 55	1 31				□	△	∠		✱	☌
25	16 58	10 07	11 59	7 01	19 25	25 28	29 55	1 30	⚼		⚼			⚺	□	∠	
26	18 55	11 21	12 43	7 14	19 25	25 31	29 55	1 29	△	⚼			□			⚺	⚺
27	20 51	12 34	13 26	7 27	19 25	25 33	29 56	1 27		△	△	✱		☌			∠
28	22 44	13 48	14 09	7 40	19 26	25 36	29 56	1 26	□			∠	✱		✱	☌	✱
29	24 35	15 02	14 53	7 53	19℞ 26	25 39	29 56	1 25			□	⚺		⚺	∠		
30	26♋24	16♋16	15♉36	8♊07	19♓26	25♉42	29♓56	1♒24		□			∠	∠	⚺	⚺	□

D M	Saturn Lat.	Saturn Dec.	Uranus Lat.	Uranus Dec.	Neptune Lat.	Neptune Dec.	Pluto Lat.	Pluto Dec.
	° ′	° ′	° ′	° ′	° ′	° ′	° ′	° ′
1	1S52	6S09	0S16	18N34	1S15	1S17	3S07	22S46
3	1 52	6 08	0 16	18 36	1 15	1 16	3 07	22 47
5	1 53	6 06	0 16	18 37	1 15	1 16	3 08	22 48
7	1 53	6 05	0 16	18 39	1 16	1 15	3 08	22 48
9	1 54	6 04	0 16	18 41	1 16	1 14	3 08	22 49
11	1 54	6 03	0 16	18 42	1 16	1 14	3 09	22 50
13	1 55	6 02	0 16	18 44	1 16	1 14	3 09	22 51
15	1 55	6 01	0 16	18 45	1 16	1 13	3 09	22 51
17	1 56	6 00	0 16	18 47	1 16	1 13	3 09	22 52
19	1 56	6 00	0 16	18 48	1 16	1 13	3 10	22 53
21	1 57	6 00	0 16	18 50	1 16	1 12	3 10	22 54
23	1 57	6 00	0 16	18 51	1 16	1 12	3 10	22 54
25	1 58	6 00	0 16	18 52	1 16	1 12	3 10	22 55
27	1 58	6 00	0 16	18 54	1 17	1 12	3 11	22 56
29	1 59	6 00	0 16	18 55	1 17	1 12	3 11	22 57
31	1S59	6S01	0S16	18N56	1S17	1S12	3S11	22S58

Mutual Aspects

1 ☉QΨ. ♂⚺♅.
2 ♀QΨ. ♂⊥♄. ☿∥♅.
3 ☿Q♄. ☿✱Ψ. ♂⊥♃. ♃△♇.
4 ☉☌♀. ☿⊥♂. ☿☌♃. ☿△♇. ☿∥♃.
5 ☉∥♀.
6 ♀⚼♇. ♀#♇.
7 ☉⚼♇. ☉#♇.
8 ♀□♄. ♂⚺Ψ.
9 ☉□♄. ☿QΨ.
10 ☿#♇.
11 ☿∠♂. ☿⚼♇. ♂□♇. ☉∥☿.
12 ☿□♄. ☿∥♀.
13 ♀⚺♅. ♀±♇.
14 ☉☌☿. ♂∠♄.
15 ☉⚺♅. ☿⚺♅. ☿±♇. ♂⚺♃.
16 ☉±♇.
17 ☿☌♀. ☿⊥♅. ☿□Ψ. ♀□Ψ. ♂⊥Ψ.
18 ☿▽♇. ♀⊥♅. ♀▽♇.
20 ☉□Ψ. ☿⚺♃.
21 ☿✱♂.
22 ☉⊥♅. ☉▽♇. ☿∠♅. ♀⚺♃.
23 ☿⊥♃. 25 ♀∠♅.
26 ☿△♄.
27 ☿∥♀.
28 ☿∠♃. ♀⊥♃.
29 ☉⚺♃. ♀✱♂. ♂∠Ψ. ☉∥☿. ☿#♇. ♄ Stat.
30 ☿✱♅.

LAST QUARTER–June28,21h.53m. (7°♈40′)

NEW MOON–July 5,22h.57m. (14°♋23′)

D M	D W	Sidereal Time	☉ Long.	☉ Dec.	☽ Long.	☽ Lat.	☽ Dec.	☽ Node	24h. ☽ Long.	24h. ☽ Dec.
		h m s	° ′ ″	° ′	° ′ ″	° ′	° ′	° ′	° ′ ″	° ′
1	M	6 40 08	10 ♋ 08 18	23 N03	13 ♉ 57 04	2 N42	18 N36	11 ♈ 13	20 ♉ 53 24	21 N04
2	T	6 44 05	11 05 31	22 59	27 47 58	3 39	23 13	11 10	4 ♊ 40 31	25 02
3	W	6 48 01	12 02 45	22 54	11 ♊ 30 47	4 21	26 29	11 07	18 18 29	27 31
4	Th	6 51 58	12 59 59	22 48	25 03 18	4 49	28 09	11 03	1 ♋ 44 55	28 22
5	F	6 55 54	13 57 12	22 42	8 ♋ 23 04	5 00	28 10	11 00	14 57 30	27 34
6	S	6 59 51	14 54 26	22 36	21 27 59	4 55	26 35	10 57	27 54 24	25 16
7	Su	7 03 47	15 51 40	22 30	4 ♌ 16 40	4 35	23 38	10 54	10 ♌ 34 47	21 45
8	M	7 07 44	16 48 54	22 23	16 48 51	4 02	19 39	10 51	22 59 02	17 21
9	T	7 11 40	17 46 07	22 16	29 05 36	3 19	14 53	10 47	5 ♍ 08 51	12 19
10	W	7 15 37	18 43 21	22 08	11 ♍ 09 12	2 27	9 38	10 44	17 07 08	6 54
11	Th	7 19 34	19 40 34	22 00	23 03 09	1 29	4 N07	10 41	28 57 51	1 N18
12	F	7 23 30	20 37 48	21 51	4 ♎ 51 50	0 N27	1 S31	10 38	10 ♎ 45 45	4 S19
13	S	7 27 27	21 35 01	21 42	16 40 16	0 S35	7 06	10 35	22 36 05	9 49
14	Su	7 31 23	22 32 15	21 33	28 33 52	1 37	12 28	10 32	4 ♏ 34 19	15 02
15	M	7 35 20	23 29 28	21 24	10 ♏ 38 04	2 35	17 28	10 28	16 45 46	19 45
16	T	7 39 16	24 26 42	21 14	22 58 00	3 27	21 51	10 25	29 15 15	23 44
17	W	7 43 13	25 23 56	21 03	5 ♐ 37 59	4 11	25 21	10 22	12 ♐ 06 31	26 40
18	Th	7 47 09	26 21 10	20 53	18 41 05	4 42	27 39	10 19	25 21 46	28 14
19	F	7 51 06	27 18 24	20 42	2 ♑ 08 31	5 00	28 25	10 16	9 ♑ 01 10	28 09
20	S	7 55 03	28 15 39	20 31	15 59 20	5 00	27 27	10 12	23 02 32	26 18
21	Su	7 58 59	29 ♋ 12 54	20 19	0 ♒ 10 10	4 42	24 43	10 09	7 ♒ 21 31	22 44
22	M	8 02 56	0 ♌ 10 10	20 07	14 35 45	4 07	20 23	10 06	21 52 04	17 43
23	T	8 06 52	1 07 26	19 54	29 09 35	3 14	14 48	10 03	6 ♓ 27 29	11 40
24	W	8 10 49	2 04 43	19 42	13 ♓ 45 00	2 09	8 23	10 00	21 01 28	4 S59
25	Th	8 14 45	3 02 01	19 29	28 16 17	0 S56	1 S32	9 57	5 ♈ 28 57	1 N54
26	F	8 18 42	3 59 19	19 15	12 ♈ 39 07	0 N21	5 N19	9 53	19 46 30	8 38
27	S	8 22 38	4 56 39	19 02	26 50 54	1 35	11 49	9 50	3 ♉ 52 14	14 50
28	Su	8 26 35	5 54 00	18 48	10 ♉ 50 27	2 42	17 39	9 47	17 45 30	20 12
29	M	8 30 32	6 51 21	18 34	24 37 26	3 39	22 28	9 44	1 ♊ 26 16	24 25
30	T	8 34 28	7 48 44	18 19	8 ♊ 12 01	4 23	26 00	9 41	14 54 43	27 12
31	W	8 38 25	8 ♌ 46 08	18 N04	21 ♊ 34 21	4 N51	28 N01	9 ♈ 38	28 ♊ 10 55	28 N25

D M	Mercury Lat.	Mercury Dec.		Venus Lat.	Venus Dec.		Mars Lat.	Mars Dec.		Jupiter Lat.	Jupiter Dec.
	° ′	° ′	° ′	° ′	° ′	° ′	° ′	° ′	° ′	° ′	° ′
1	1 N50	22 N19	21 N 54	0 N 56	23 N13	23 N05	0 S 57	15 N49	16 N 02	0 S 42	21 N00
3	1 43	21 28	21 01	1 00	22 56	22 47	0 56	16 14	16 27	0 42	21 04
5	1 34	20 32	20 03	1 03	22 37	22 26	0 54	16 39	16 51	0 42	21 08
7	1 23	19 33	19 03	1 07	22 15	22 03	0 53	17 03	17 15	0 42	21 12
9	1 09	18 32	18 00	1 10	21 50	21 37	0 52	17 26	17 38	0 42	21 16
11	0 54	17 28	16 56	1 13	21 23	21 08	0 51	17 49	18 00	0 42	21 20
13	0 37	16 23	15 50	1 15	20 53	20 37	0 49	18 11	18 22	0 42	21 23
15	0 N18	15 17	14 45	1 18	20 21	20 04	0 48	18 32	18 43	0 42	21 27
17	0 S02	14 12	13 40	1 20	19 46	19 28	0 46	18 53	19 03	0 41	21 30
19	0 24	13 07	12 36	1 22	19 10	18 51	0 45	19 13	19 23	0 41	21 33
21	0 47	12 04	11 34	1 24	18 31	18 11	0 43	19 32	19 41	0 41	21 36
23	1 11	11 04	10 35	1 25	17 50	17 29	0 42	19 50	19 59	0 41	21 39
25	1 35	10 06	9 39	1 27	17 07	16 45	0 40	20 08	20 17	0 41	21 42
27	2 01	9 12	8 47	1 28	16 23	16 00	0 39	20 25	20 33	0 41	21 45
29	2 26	8 23	8 N 01	1 29	15 36	15 N13	0 37	20 41	20 N 49	0 41	21 47
31	2 S 51	7 N40		1 N 29	14 N48		0 S 36	20 N56		0 S 41	21 N50

FIRST QUARTER–July13,22h.49m. (22°♎01′)

FULL MOON–July21,10h.17m. (29°♑09′)

D M	☿ Long.	♀ Long.	♂ Long.	♃ Long.	♄ Long.	♅ Long.	♆ Long.	♇ Long.	☉	☿	♀	♂	♃	♄	♅	♆	♇
	° ′	° ′	° ′	° ′	° ′	° ′	° ′	° ′	Lunar Aspects								
1	28♋11	17♋29	16♉19	8♊20	19♓26	25♉45	29♓56	1♒22	✱		✱	☌	⊻	✱		∠	
2	29♋56	18 43	17 02	8 32	19 25	25 47	29℞56	1 21	∠	✱	∠				☌	✱	△
3	1♌39	19 57	17 45	8 45	19 25	25 50	29 56	1 20	⊻	∠		⊻	☌				⚼
4	3 20	21 11	18 28	8 58	19 25	25 53	29 56	1 18			⊻			□	⊻	□	
5	4 58	22 24	19 11	9 11	19 24	25 55	29 56	1 17	☌	⊻		∠	⊻		∠		
6	6 35	23 38	19 54	9 24	19 23	25 58	29 56	1 16			☌	✱	∠	△	✱		
7	8 09	24 52	20 37	9 36	19 23	26 00	29 55	1 14		☌			✱	⚼		△	☍
8	9 41	26 06	21 20	9 49	19 22	26 03	29 55	1 13	⊻			□				⚼	
9	11 11	27 19	22 02	10 01	19 21	26 05	29 55	1 12	∠		⊻				□		
10	12 39	28 33	22 45	10 14	19 20	26 08	29 55	1 10		⊻	∠		□				⚼
11	14 04	29♋47	23 27	10 26	19 19	26 10	29 55	1 09	✱			△		☍	△		
12	15 27	1♌00	24 09	10 39	19 18	26 12	29 54	1 07		∠	✱	⚼	△			☍	△
13	16 48	2 14	24 52	10 51	19 16	26 15	29 54	1 06	□	✱					⚼		
14	18 07	3 28	25 34	11 03	19 15	26 17	29 54	1 05			□		⚼	⚼			□
15	19 23	4 42	26 16	11 15	19 13	26 19	29 53	1 03								⚼	
16	20 37	5 55	26 58	11 27	19 12	26 21	29 53	1 02	△	□		☍		△	☍		
17	21 48	7 09	27 40	11 39	19 10	26 24	29 52	1 00	⚼		△		☍			△	✱
18	22 57	8 23	28 22	11 51	19 08	26 26	29 52	0 59		△	⚼			□			∠
19	24 03	9 37	29 03	12 03	19 07	26 28	29 51	0 58								□	⊻
20	25 07	10 50	29♉45	12 15	19 05	26 30	29 51	0 56		⚼		⚼		✱	⚼		
21	26 08	12 04	0♊26	12 27	19 03	26 32	29 50	0 55	☍			△	⚼	∠	△	✱	☌
22	27 05	13 18	1 08	12 38	19 00	26 34	29 49	0 53			☍		△	⊻		∠	
23	28 00	14 31	1 49	12 50	18 58	26 36	29 49	0 52		☍		□			□	⊻	⊻
24	28 51	15 45	2 31	13 01	18 56	26 38	29 48	0 50	⚼				□	☌			∠
25	29♌40	16 59	3 12	13 12	18 53	26 40	29 47	0 49	△		⚼	✱			✱	☌	✱
26	0♍24	18 13	3 53	13 24	18 51	26 41	29 47	0 48		⚼	△	∠	✱	⊻	∠		
27	1 06	19 26	4 34	13 35	18 48	26 43	29 46	0 46		△			∠	∠	⊻	⊻	□
28	1 43	20 40	5 15	13 46	18 46	26 45	29 45	0 45	□			⊻	⊻			∠	
29	2 16	21 54	5 56	13 57	18 43	26 47	29 44	0 43			□			✱	☌	✱	△
30	2 46	23 07	6 36	14 08	18 40	26 48	29 43	0 42	✱	□		☌	☌				
31	3♍11	24♌21	7♊17	14♊19	18♓37	26♉50	29♓43	0♒41	∠		✱			□	⊻		⚼

D M	Saturn Lat.	Saturn Dec.	Uranus Lat.	Uranus Dec.	Neptune Lat.	Neptune Dec.	Pluto Lat.	Pluto Dec.
	° ′	° ′	° ′	° ′	° ′	° ′	° ′	° ′
1	1S59	6S01	0S16	18N56	1S17	1S12	3S11	22S58
3	2 00	6 01	0 16	18 58	1 17	1 12	3 11	22 58
5	2 00	6 02	0 16	18 59	1 17	1 12	3 12	22 59
7	2 01	6 03	0 16	19 00	1 17	1 12	3 12	23 00
9	2 01	6 04	0 16	19 01	1 17	1 13	3 12	23 01
11	2 02	6 06	0 16	19 02	1 17	1 13	3 12	23 02
13	2 02	6 07	0 16	19 03	1 17	1 13	3 13	23 03
15	2 03	6 09	0 16	19 05	1 17	1 14	3 13	23 03
17	2 03	6 10	0 16	19 06	1 18	1 14	3 13	23 04
19	2 04	6 12	0 16	19 07	1 18	1 15	3 13	23 05
21	2 04	6 14	0 16	19 07	1 18	1 15	3 13	23 06
23	2 04	6 16	0 16	19 08	1 18	1 16	3 14	23 07
25	2 05	6 19	0 16	19 09	1 18	1 16	3 14	23 07
27	2 05	6 21	0 16	19 10	1 18	1 17	3 14	23 08
29	2 06	6 23	0 16	19 11	1 18	1 18	3 14	23 09
31	2S06	6S26	0S16	19N12	1S18	1S19	3S14	23S10

Mutual Aspects

1 ☿Q♂.
2 ☉∠♅. ☿△♆. ☉#♇. ♆Stat.
3 ☿☍♇. ♀△♄. ♀#♇.
4 ☉‖♀. ☿‖♃.
5 ☿⚼♄. ♂✱♄.
7 ☉⊥♃. ☿Q♅. ♀∠♃.
8 ☿✱♃. ♀✱♅. ☿‖♅.
10 ☿±♄.
11 ☉△♄. ♀△♆. ☿‖♂. ♀‖♃.
12 ☿⚼♆. ♀☍♇.
15 ☿∇♄. ♀⚼♄. ♂☌♅. ☉‖♃.
18 ☉✱♅. ♀Q♅. ♃Q♆. ♂‖♅.
19 ☉∠♃. ☿Q♃. ☿±♆. ♀‖♂. ♀‖♅.
20 ♂✱♆.
21 ☿□♅. ♀✱♃.
22 ☉△♆. ♀Q♂. ♀±♄. ♂Q♄. ♂△♇.
23 ☉☍♇. ♀⚼♆. ☉‖♂.
25 ☿∇♆.
26 ☉✱♂. ☉⚼♄. ☉‖♅.
27 ☿∇♇. ♀∇♄.
30 ♀±♆.
31 ☉Q♅.

LAST QUARTER–July28,02h.52m. (5°♉32′)

NEW MOON–Aug. 4,11h.13m. (12°♌34′)

D M	D W	Sidereal Time	☉ Long.	☉ Dec.	☽ Long.	☽ Lat.	☽ Dec.	☽ Node	24h. ☽ Long.	24h. ☽ Dec.
		h m s	° ′ ″	° ′	° ′ ″	° ′	° ′	° ′	° ′ ″	° ′
1	Th	8 42 21	9♌43 33	17 N49	4♋44 24	5 N04	28 N25	9♈34	11♋14 44	28 N01
2	F	8 46 18	10 40 59	17 33	17 41 55	5 01	27 14	9 31	24 05 53	26 06
3	S	8 50 14	11 38 26	17 18	0♌26 37	4 42	24 39	9 28	6♌44 06	22 54
4	Su	8 54 11	12 35 54	17 02	12 58 21	4 10	20 55	9 25	19 09 27	18 43
5	M	8 58 07	13 33 23	16 45	25 17 28	3 27	16 21	9 22	1♍22 35	13 49
6	T	9 02 04	14 30 53	16 29	7♍24 57	2 35	11 11	9 18	13 24 52	8 28
7	W	9 06 01	15 28 23	16 12	19 22 37	1 37	5 41	9 15	25 18 33	2 N53
8	Th	9 09 57	16 25 55	15 55	1♎13 07	0 N35	0 N03	9 12	7♎06 44	2 S47
9	F	9 13 54	17 23 27	15 37	12 59 56	0 S29	5 S35	9 09	18 53 16	8 20
10	S	9 17 50	18 21 00	15 20	24 47 18	1 31	11 01	9 06	0♏42 41	13 37
11	Su	9 21 47	19 18 35	15 02	6♏40 01	2 30	16 06	9 03	12 39 58	18 28
12	M	9 25 43	20 16 10	14 44	18 43 11	3 24	20 39	8 59	24 50 19	22 39
13	T	9 29 40	21 13 46	14 25	1♐02 00	4 09	24 25	8 56	7♐18 48	25 55
14	W	9 33 36	22 11 23	14 07	13 41 15	4 43	27 07	8 53	20 09 50	27 59
15	Th	9 37 33	23 09 01	13 48	26 44 54	5 04	28 28	8 50	3♑26 41	28 32
16	F	9 41 30	24 06 40	13 29	10♑15 19	5 09	28 11	8 47	17 10 45	27 23
17	S	9 45 26	25 04 20	13 10	24 12 47	4 56	26 08	8 44	1♒21 00	24 27
18	Su	9 49 23	26 02 01	12 50	8♒34 53	4 25	22 23	8 40	15 53 41	19 55
19	M	9 53 19	26 59 43	12 31	23 16 34	3 36	17 09	8 37	0♓42 32	14 06
20	T	9 57 16	27 57 27	12 11	8♓10 33	2 31	10 50	8 34	15 39 33	7 24
21	W	10 01 12	28 55 12	11 51	23 08 28	1 S15	3 S52	8 31	0♈36 17	0 S18
22	Th	10 05 09	29♌52 59	11 31	8♈02 05	0 N05	3 N16	8 28	15 25 02	6 N46
23	F	10 09 05	0♍50 47	11 10	22 44 28	1 25	10 09	8 24	29 59 51	13 22
24	S	10 13 02	1 48 37	10 50	7♉10 45	2 37	16 23	8 21	14♉16 55	19 08
25	Su	10 16 59	2 46 29	10 29	21 18 10	3 38	21 36	8 18	28 14 29	23 44
26	M	10 20 55	3 44 22	10 08	5♊05 51	4 25	25 30	8 15	11♊52 24	26 53
27	T	10 24 52	4 42 18	9 47	18 34 16	4 57	27 52	8 12	25 11 39	28 27
28	W	10 28 48	5 40 15	9 26	1♋44 44	5 11	28 37	8 09	8♋13 45	28 23
29	Th	10 32 45	6 38 14	9 05	14 38 55	5 10	27 46	8 05	21 00 27	26 48
30	F	10 36 41	7 36 15	8 43	27 18 34	4 53	25 29	8 02	3♌33 29	23 53
31	S	10 40 38	8♍34 18	8 N21	9♌45 24	4 N23	22 N02	7♈59	15♌54 30	19 N56

D M	Mercury Lat.	Mercury Dec.		Venus Lat.	Venus Dec.		Mars Lat.	Mars Dec.		Jupiter Lat.	Jupiter Dec.
	° ′	° ′	° ′	° ′	° ′	° ′	° ′	° ′	° ′	° ′	° ′
1	3 S04	7 N21	7 N04	1 N29	14 N24	13 N59	0 S35	21 N04	21 N11	0 S41	21 N51
3	3 28	6 49	6 36	1 29	13 33	13 08	0 33	21 18	21 25	0 42	21 53
5	3 51	6 25	6 17	1 29	12 41	12 15	0 31	21 31	21 38	0 42	21 56
7	4 11	6 11	6 08	1 29	11 48	11 21	0 30	21 44	21 50	0 42	21 58
9	4 28	6 08	6 10	1 28	10 54	10 26	0 28	21 56	22 02	0 42	22 00
11	4 41	6 16	6 24	1 27	9 58	9 30	0 26	22 07	22 12	0 42	22 02
13	4 48	6 35	6 50	1 26	9 02	8 33	0 24	22 18	22 22	0 42	22 04
15	4 48	7 06	7 26	1 24	8 04	7 35	0 22	22 27	22 32	0 42	22 06
17	4 41	7 47	8 10	1 23	7 06	6 36	0 21	22 36	22 40	0 42	22 07
19	4 27	8 35	9 01	1 20	6 06	5 36	0 19	22 44	22 48	0 42	22 09
21	4 05	9 28	9 55	1 18	5 06	4 36	0 17	22 52	22 55	0 42	22 10
23	3 37	10 22	10 48	1 16	4 06	3 36	0 15	22 59	23 02	0 42	22 12
25	3 05	11 13	11 37	1 13	3 05	2 35	0 13	23 05	23 07	0 42	22 13
27	2 29	11 58	12 18	1 10	2 04	1 33	0 10	23 10	23 12	0 42	22 15
29	1 52	12 35	12 N50	1 06	1 02	0 N32	0 08	23 15	23 N17	0 42	22 16
31	1 S15	13 N02		1 N03	0 N01		0 S06	23 N19		0 S42	22 N17

FIRST QUARTER–Aug.12,15h.19m. (20°♏24′)

FULL MOON–Aug.19,18h.26m. (27°♒15′)

D M	☿ Long.	♀ Long.	♂ Long.	♃ Long.	♄ Long.	♅ Long.	♆ Long.	♇ Long.	Lunar Aspects ☉	☿	♀	♂	♃	♄	♅	♆	♇
	° ′	° ′	° ′	° ′	° ′	° ′	° ′	° ′									
1	3♍32	25♌35	7♊58	14♊29	18♓34	26♉51	29♓42	0♒39	⚺	✱	∠	⚺				□	
2	3 48	26 48	8 38	14 40	18 31	26 53	29 41	0 38		∠		∠	⚺	△	∠		
3	3 59	28 02	9 18	14 51	18 28	26 54	29 40	0 36		⚺	⚺		∠	⚼	✱	△	☍
4	4 05	29♌16	9 59	15 01	18 25	26 56	29 39	0 35	☌			✱	✱			⚼	
5	4 ℞06	0♍30	10 39	15 11	18 22	26 57	29 38	0 34			☌				□		
6	4 02	1 43	11 19	15 21	18 18	26 58	29 37	0 32		☌		□					
7	3 52	2 57	11 59	15 32	18 15	27 00	29 36	0 31	⚺				□	☍			⚼
8	3 38	4 11	12 39	15 42	18 11	27 01	29 35	0 29	∠	⚺	⚺				△	☍	△
9	3 17	5 24	13 18	15 51	18 08	27 02	29 34	0 28	✱	∠		△	△		⚼		
10	2 52	6 38	13 58	16 01	18 04	27 03	29 32	0 27			∠	⚼					□
11	2 22	7 52	14 37	16 11	18 01	27 04	29 31	0 25		✱	✱		⚼	⚼			
12	1 46	9 05	15 17	16 20	17 57	27 05	29 30	0 24	□					△		⚼	
13	1 07	10 19	15 56	16 30	17 53	27 06	29 29	0 23		□					☍	△	✱
14	0♍23	11 32	16 35	16 39	17 49	27 07	29 28	0 22			□	☍	☍	□			∠
15	29♌37	12 46	17 14	16 48	17 45	27 08	29 26	0 20	△	△						□	⚺
16	28 48	14 00	17 53	16 57	17 41	27 09	29 25	0 19	⚼	⚼	△				⚼		
17	27 57	15 13	18 32	17 06	17 37	27 10	29 24	0 18			⚼			✱	△	✱	☌
18	27 06	16 27	19 10	17 15	17 33	27 10	29 23	0 16				⚼	⚼	∠		∠	
19	26 14	17 40	19 49	17 24	17 29	27 11	29 21	0 15	☍	☍		△	△	⚺	□	⚺	⚺
20	25 24	18 54	20 27	17 33	17 25	27 12	29 20	0 14									∠
21	24 37	20 08	21 06	17 41	17 21	27 12	29 19	0 13			☍	□	□	☌	✱	☌	✱
22	23 52	21 21	21 44	17 49	17 17	27 13	29 17	0 12	⚼	⚼					∠		
23	23 13	22 35	22 22	17 57	17 12	27 13	29 16	0 10		△		✱	✱	⚺	⚺	⚺	
24	22 38	23 48	23 00	18 06	17 08	27 14	29 14	0 09	△		⚼	∠	∠	∠		∠	□
25	22 09	25 02	23 38	18 13	17 04	27 14	29 13	0 08		□	△	⚺	⚺	✱	☌		
26	21 47	26 15	24 15	18 21	16 59	27 14	29 11	0 07	□							✱	△
27	21 32	27 29	24 53	18 29	16 55	27 15	29 10	0 06		✱			☌	□			⚼
28	21 D 25	28 42	25 30	18 36	16 50	27 15	29 09	0 05	✱	∠	□	☌			⚺	□	
29	21 26	29♍56	26 08	18 44	16 46	27 15	29 07	0 04					⚺	△	∠		
30	21 35	1♎09	26 45	18 51	16 41	27 15	29 06	0 03	∠	⚺	✱	⚺		⚼	✱	△	☍
31	21♌53	2♎23	27♊22	18♊58	16♓37	27♉15	29♓04	0♒02	⚺			∠	∠			⚼	

D M	Saturn Lat.	Saturn Dec.	Uranus Lat.	Uranus Dec.	Neptune Lat.	Neptune Dec.	Pluto Lat.	Pluto Dec.
	° ′	° ′	° ′	° ′	° ′	° ′	° ′	° ′
1	2S06	6S27	0S16	19N12	1S18	1S19	3S14	23S10
3	2 07	6 30	0 16	19 13	1 18	1 20	3 14	23 11
5	2 07	6 33	0 16	19 13	1 18	1 21	3 15	23 12
7	2 08	6 36	0 16	19 14	1 18	1 22	3 15	23 12
9	2 08	6 39	0 16	19 14	1 19	1 23	3 15	23 13
11	2 08	6 42	0 16	19 15	1 19	1 24	3 15	23 14
13	2 09	6 46	0 16	19 15	1 19	1 25	3 15	23 14
15	2 09	6 49	0 16	19 16	1 19	1 26	3 15	23 15
17	2 09	6 52	0 16	19 16	1 19	1 27	3 15	23 16
19	2 10	6 56	0 16	19 16	1 19	1 28	3 15	23 16
21	2 10	6 59	0 16	19 17	1 19	1 29	3 15	23 17
23	2 10	7 03	0 16	19 17	1 19	1 30	3 15	23 18
25	2 10	7 07	0 16	19 17	1 19	1 31	3 15	23 18
27	2 11	7 10	0 16	19 17	1 19	1 32	3 16	23 19
29	2 11	7 14	0 16	19 17	1 19	1 34	3 16	23 19
31	2S11	7S18	0S16	19N17	1S19	1S35	3S16	23S20

Mutual Aspects

2 ♀Q♃. ♀□♅.
4 ☉±♄. ♀⚻♆. ☿♯♄.
5 ♀⚻♇. ☿Stat.
6 ☉⚼♆. ♂Q♆.
7 ☉✱♃. ♃⚼♇.
8 ☿☌♀.
10 ☉⚻♄. ♀±♇. ♂∥♃.
12 ♂⚼♇.
14 ☿⚻♇. ♂☌♃. ☿♯♄.
15 ☉±♆. ☿Q♂. ☿⚻♆.
16 ☿Q♃. ♂□♄. ☿∥♀.
17 ♀⚼♇. ♀♯♄.
18 ☿□♅.
19 ☉☌☿. ☉□♅. ♀□♃. ♀☍♄. ♃□♄.
21 ☉⚻♆.
22 ☉Q♃. ☉⚻♇.
23 ☿⚺♀. ☿±♆. ♀□♂.
24 ☿✱♂. ☉∥☿.
26 ♂±♇.
27 ☿⊥♀. ♀△♅.
28 ☉±♇. ♀☍♆. ♀♯♆. ☿Stat.
29 ♀△♇. 31 ♂⚺♅.

LAST QUARTER–Aug.26,09h.26m. (3°♊38′)

NEW MOON–Sep. 3,01h.56m. (11°♍04′)

D M	D W	Sidereal Time	☉ Long.	☉ Dec.	☽ Long.	☽ Lat.	☽ Dec.	☽ Node	24h. ☽ Long.	24h. ☽ Dec.
		h m s	° ′ ″	° ′	° ′ ″	° ′	° ′	° ′	° ′ ″	° ′
1	Su	10 44 34	9 ♍ 32 22	8 N00	22 ♌ 00 59	3 N41	17 N39	7 ♈ 56	28 ♌ 05 02	15 N12
2	M	10 48 31	10 30 28	7 38	4 ♍ 06 51	2 49	12 38	7 53	10 ♍ 06 38	9 57
3	T	10 52 28	11 28 36	7 16	16 04 37	1 51	7 12	7 50	22 01 02	4 N23
4	W	10 56 24	12 26 45	6 53	27 56 09	0 N48	1 N33	7 46	3 ♎ 50 15	1 S17
5	Th	11 00 21	13 24 56	6 31	9 ♎ 43 40	0 S17	4 S07	7 43	15 36 44	6 54
6	F	11 04 17	14 23 09	6 09	21 29 50	1 21	9 38	7 40	27 23 23	12 17
7	S	11 08 14	15 21 23	5 46	3 ♏ 17 50	2 22	14 50	7 37	9 ♏ 13 40	17 16
8	Su	11 12 10	16 19 39	5 24	15 11 24	3 17	19 32	7 34	21 11 33	21 37
9	M	11 16 07	17 17 56	5 01	27 14 41	4 05	23 30	7 30	3 ♐ 21 22	25 09
10	T	11 20 03	18 16 15	4 38	9 ♐ 32 10	4 42	26 31	7 27	15 47 37	27 35
11	W	11 24 00	19 14 36	4 15	22 08 17	5 06	28 18	7 24	28 34 40	28 39
12	Th	11 27 57	20 12 58	3 53	5 ♑ 07 12	5 16	28 37	7 21	11 ♑ 46 15	28 09
13	F	11 31 53	21 11 22	3 30	18 32 05	5 10	27 16	7 18	25 24 51	25 58
14	S	11 35 50	22 09 47	3 07	2 ♒ 24 35	4 45	24 15	7 15	9 ♒ 31 07	22 09
15	Su	11 39 46	23 08 14	2 43	16 44 08	4 03	19 40	7 11	24 03 08	16 53
16	M	11 43 43	24 06 43	2 20	1 ♓ 27 27	3 03	13 48	7 08	8 ♓ 56 13	10 30
17	T	11 47 39	25 05 13	1 57	16 28 27	1 49	7 S01	7 05	24 03 03	3 S25
18	W	11 51 36	26 03 45	1 34	1 ♈ 38 51	0 S28	0 N14	7 02	9 ♈ 14 37	3 N53
19	Th	11 55 32	27 02 19	1 11	16 49 12	0 N56	7 29	6 59	24 21 26	10 57
20	F	11 59 29	28 00 55	0 47	1 ♉ 50 18	2 16	14 14	6 56	9 ♉ 14 55	17 17
21	S	12 03 26	28 59 33	0 24	16 34 31	3 24	20 03	6 52	23 48 32	22 29
22	Su	12 07 22	29 ♍ 58 13	0 N01	0 ♊ 56 34	4 18	24 33	6 49	7 ♊ 58 20	26 13
23	M	12 11 19	0 ♎ 56 56	0 S23	14 53 45	4 55	27 28	6 46	21 42 51	28 17
24	T	12 15 15	1 55 41	0 46	28 25 45	5 14	28 40	6 43	5 ♋ 02 43	28 38
25	W	12 19 12	2 54 29	1 09	11 ♋ 34 01	5 17	28 11	6 40	18 00 03	27 22
26	Th	12 23 08	3 53 18	1 33	24 21 12	5 03	26 13	6 36	0 ♌ 37 53	24 44
27	F	12 27 05	4 52 10	1 56	6 ♌ 50 31	4 35	22 59	6 33	12 59 34	21 00
28	S	12 31 01	5 51 04	2 19	19 05 25	3 55	18 49	6 30	25 08 30	16 27
29	Su	12 34 58	6 50 00	2 43	1 ♍ 09 12	3 05	13 57	6 27	7 ♍ 07 54	11 19
30	M	12 38 55	7 ♎ 48 58	3 S06	13 ♍ 04 56	2 N07	8 N36	6 ♈ 24	19 ♍ 00 39	5 N50

D M	Mercury Lat.	Mercury Dec.		Venus Lat.	Venus Dec.		Mars Lat.	Mars Dec.		Jupiter Lat.	Jupiter Dec.
	° ′	° ′	° ′	° ′	° ′	° ′	° ′	° ′	° ′	° ′	° ′
1	0 S57	13 N10	13 N 16	1 N 01	0 S30	1 S01	0 S 05	23 N20	23 N 22	0 S 42	22 N18
3	0 S23	13 18	13 16	0 57	1 32	2 03	0 03	23 23	23 25	0 42	22 19
5	0 N08	13 11	13 03	0 52	2 34	3 05	0 S 01	23 26	23 27	0 42	22 19
7	0 35	12 51	12 35	0 48	3 36	4 06	0 N 02	23 27	23 28	0 42	22 20
9	0 58	12 16	11 54	0 43	4 37	5 08	0 04	23 28	23 29	0 42	22 21
11	1 17	11 29	11 01	0 39	5 38	6 09	0 06	23 29	23 29	0 42	22 22
13	1 31	10 30	9 57	0 34	6 39	7 09	0 09	23 29	23 29	0 42	22 23
15	1 41	9 21	8 44	0 29	7 39	8 09	0 11	23 28	23 28	0 42	22 23
17	1 47	8 05	7 24	0 23	8 39	9 08	0 14	23 27	23 27	0 42	22 24
19	1 50	6 41	5 58	0 18	9 37	10 06	0 16	23 26	23 25	0 43	22 24
21	1 50	5 13	4 28	0 12	10 35	11 04	0 19	23 24	23 23	0 43	22 25
23	1 46	3 42	2 56	0 06	11 32	12 01	0 21	23 21	23 20	0 43	22 25
25	1 41	2 09	1 N 22	0 N 01	12 28	12 56	0 24	23 18	23 17	0 43	22 25
27	1 34	0 N35	0 S 12	0 S 05	13 23	13 50	0 27	23 15	23 13	0 43	22 26
29	1 25	0 S59	1 S 46	0 11	14 17	14 S 43	0 30	23 11	23 N 09	0 43	22 26
31	1 N15	2 S32		0 S 17	15 S09		0 N 32	23 N07		0 S 43	22 N26

FIRST QUARTER–Sep.11,06h.06m. (19°♐00′)

FULL MOON–Sep.18,02h.34m. (25°♓41′)

EPHEMERIS]				SEPTEMBER 2024													19
D	☿	♀	♂	♃	♄	♅	♆	♇	Lunar Aspects								
M	Long.	Long.	Long.	Long.	Long.	Long.	Long.	Long.	☉	☿	♀	♂	♃	♄	♅	♆	♇
	° ′	° ′	° ′	° ′	° ′	° ′	° ′	° ′									
1	22♌19	3♎36	27♊59	19♊05	16♓32	27℞15	29♓03	0♒01		☌	∠		⚹		□		
2	22 53	4 50	28 35	19 12	16 28	27 15	29 01	0♒00			⚺	⚹					
3	23 35	6 03	29 12	19 18	16 23	27 15	28 59	29♑59	☌				□	☍			⚼
4	24 25	7 17	29♊48	19 25	16 19	27 15	28 58	29 58		⚺		□			△	☍	△
5	25 22	8 30	0♋25	19 31	16 14	27 15	28 56	29 57	⚺	∠	☌				⚼		
6	26 27	9 43	1 01	19 37	16 09	27 15	28 55	29 56		⚹			△				
7	27 38	10 57	1 37	19 43	16 05	27 15	28 53	29 55	∠			△	⚼	⚼			□
8	28♌55	12 10	2 12	19 49	16 00	27 14	28 51	29 54	⚹		⚺	⚼		△		⚼	
9	0♍18	13 23	2 48	19 55	15 56	27 14	28 50	29 53		□	∠				☍	△	⚹
10	1 46	14 37	3 23	20 00	15 51	27 13	28 48	29 52			⚹						∠
11	3 19	15 50	3 59	20 05	15 46	27 13	28 47	29 51	□				☍	□			
12	4 56	17 03	4 34	20 10	15 42	27 12	28 45	29 51		△		☍				□	⚺
13	6 36	18 17	5 09	20 15	15 37	27 12	28 43	29 50	△	⚼	□			⚹	⚼		
14	8 18	19 30	5 44	20 20	15 33	27 11	28 42	29 49	⚼				⚼	∠	△	⚹	☌
15	10 04	20 43	6 18	20 25	15 28	27 11	28 40	29 48			△	⚼	△	⚺		∠	
16	11 51	21 57	6 53	20 29	15 24	27 10	28 38	29 48			⚼	△			□	⚺	⚺
17	13 40	23 10	7 27	20 34	15 19	27 09	28 37	29 47		☍			□	☌			∠
18	15 30	24 23	8 01	20 38	15 15	27 08	28 35	29 46	●–●			□			⚹	☌	⚹
19	17 21	25 36	8 35	20 42	15 10	27 07	28 33	29 46					⚹	⚺	∠		
20	19 12	26 49	9 09	20 45	15 06	27 07	28 32	29 45		⚼	☍		∠	∠	⚺	⚺	□
21	21 03	28 02	9 42	20 49	15 01	27 06	28 30	29 44	⚼	△		⚹	⚺	⚹		∠	
22	22 55	29♎16	10 16	20 52	14 57	27 05	28 28	29 44	△			∠			☌	⚹	△
23	24 46	0♏29	10 49	20 56	14 53	27 04	28 27	29 43			⚼	⚺	☌	□			⚼
24	26 37	1 42	11 22	20 59	14 48	27 02	28 25	29 43	□	□	△				⚺	□	
25	28♍28	2 55	11 55	21 01	14 44	27 01	28 23	29 42				☌		△	∠		
26	0♎18	4 08	12 27	21 04	14 40	27 00	28 22	29 42					⚺	⚼	⚹	△	☍
27	2 07	5 21	12 59	21 06	14 36	26 59	28 20	29 42	⚹	⚹	□		∠				
28	3 56	6 34	13 32	21 09	14 32	26 58	28 19	29 41	∠	∠		⚺	⚹			⚼	
29	5 44	7 47	14 04	21 11	14 28	26 56	28 17	29 41		⚺		∠			□		
30	7♎31	9♏00	14♋35	21♊13	14♓24	26♉55	28♓15	29♑40	⚺		⚹	⚹		☍			⚼

D	Saturn		Uranus		Neptune		Pluto	
M	Lat.	Dec.	Lat.	Dec.	Lat.	Dec.	Lat.	Dec.
	° ′	° ′	° ′	° ′	° ′	° ′	° ′	° ′
1	2S11	7S19	0S16	19N17	1S19	1S36	3S16	23S20
3	2 11	7 23	0 16	19 17	1 19	1 37	3 16	23 21
5	2 11	7 27	0 16	19 17	1 19	1 38	3 16	23 21
7	2 11	7 31	0 16	19 17	1 19	1 39	3 16	23 21
9	2 12	7 34	0 16	19 17	1 19	1 41	3 16	23 22
11	2 12	7 38	0 16	19 17	1 19	1 42	3 16	23 22
13	2 12	7 41	0 16	19 16	1 19	1 43	3 16	23 23
15	2 12	7 45	0 16	19 16	1 20	1 45	3 16	23 23
17	2 12	7 49	0 16	19 16	1 20	1 46	3 16	23 23
19	2 12	7 52	0 16	19 15	1 20	1 47	3 16	23 23
21	2 12	7 56	0 16	19 15	1 20	1 49	3 16	23 24
23	2 12	7 59	0 16	19 15	1 20	1 50	3 16	23 24
25	2 12	8 02	0 16	19 14	1 20	1 51	3 16	23 24
27	2 12	8 05	0 16	19 13	1 20	1 53	3 16	23 24
29	2 12	8 08	0 16	19 13	1 20	1 54	3 16	23 25
31	2S11	8S11	0S16	19N12	1S20	1S55	3S16	23S25

Mutual Aspects

1 ♂⋕♇. ♅Stat.
2 ☉Q♂. ☿±♆.
3 ♂□♆. ☉⋕♄. ♀∥♆.
4 ♂▽♇.
7 ☉⚼♇. ☿□♅.
8 ☉☍♄. ☿▽♆. ♀⚼♅.
9 ☿▽♇. ☉⋕♀.
10 ☿Q♃. ♂⊥♅.
11 ♀▽♄.
12 ☉□♃. ☿⚹♂.
13 ☿±♇.
15 ♀△♃. ♀±♅. ♀∥♄.
16 ♀±♄.
17 ☉⋕♆. ☿⋕♀. ☿⋕♄.
18 ☿☍♄. ☿⚼♇.
19 ☉△♅.
20 ♀▽♅. ♄Q♅.
21 ☉☍♆. ☿□♃. ♀▽♆. ♂⋕♇.
22 ☉△♇. ☿Q♂. ♀□♇.
23 ☿⊥♀. ♀⚼♄.
24 ☿△♅.
25 ☉⚺♀. ☿☍♆. ♂∠♅. ♄∠♇. ☿⋕♆.
26 ☿△♇. ♀±♆. ☉⋕☿.
27 ☉∥♆. 28 ♀⚼♃.
30 ☉☌☿. ♂△♄. ☿∥♆.

LAST QUARTER–Sep.24,18h.50m. (2°♋12′)

NEW MOON–Oct. 2,18h.49m. (10°♎04′)

D M	D W	Sidereal Time	☉ Long.	☉ Dec.	☽ Long.	☽ Lat.	☽ Dec.	☽ Node	24h. ☽ Long.	24h. ☽ Dec.
		h m s	° ′ ″	° ′	° ′ ″	° ′	° ′	° ′	° ′ ″	° ′
1	T	12 42 51	8 ♎ 47 59	3 S 29	24 ♍ 55 21	1 N05	3 N00	6 ♈ 21	0 ♎ 49 21	0 N10
2	W	12 46 48	9 47 01	3 53	6 ♎ 42 55	0 00	2 S40	6 17	12 36 21	5 S29
3	Th	12 50 44	10 46 06	4 16	18 29 56	1 S05	8 15	6 14	24 23 55	10 58
4	F	12 54 41	11 45 12	4 39	0 ♏ 18 36	2 08	13 34	6 11	6 ♏ 14 16	16 04
5	S	12 58 37	12 44 21	5 02	12 11 13	3 05	18 25	6 08	18 09 46	20 37
6	Su	13 02 34	13 43 31	5 25	24 10 16	3 54	22 36	6 05	0 ♐ 13 04	24 21
7	M	13 06 30	14 42 44	5 48	6 ♐ 18 33	4 34	25 52	6 01	12 27 05	27 04
8	T	13 10 27	15 41 58	6 11	18 39 06	5 02	27 58	5 58	24 55 00	28 31
9	W	13 14 24	16 41 14	6 34	1 ♑ 15 13	5 16	28 42	5 55	7 ♑ 40 10	28 30
10	Th	13 18 20	17 40 32	6 56	14 10 16	5 14	27 54	5 52	20 45 51	26 54
11	F	13 22 17	18 39 52	7 19	27 27 17	4 56	25 31	5 49	4 ♒ 14 49	23 45
12	S	13 26 13	19 39 13	7 41	11 ♒ 08 37	4 21	21 37	5 46	18 08 47	19 09
13	Su	13 30 10	20 38 36	8 04	25 15 14	3 30	16 24	5 42	2 ♓ 27 47	13 22
14	M	13 34 06	21 38 01	8 26	9 ♓ 46 06	2 23	10 07	5 39	17 09 39	6 S42
15	T	13 38 03	22 37 27	8 48	24 37 44	1 S06	3 S09	5 36	2 ♈ 09 30	0 N29
16	W	13 41 59	23 36 56	9 10	9 ♈ 43 58	0 N17	4 N07	5 33	17 19 59	7 43
17	Th	13 45 56	24 36 26	9 32	24 56 22	1 40	11 12	5 30	2 ♉ 31 52	14 31
18	F	13 49 53	25 35 59	9 54	10 ♉ 05 18	2 55	17 36	5 27	17 35 27	20 24
19	S	13 53 49	26 35 33	10 15	25 01 19	3 56	22 51	5 23	2 ♊ 21 57	24 54
20	Su	13 57 46	27 35 10	10 37	9 ♊ 36 37	4 41	26 32	5 20	16 44 45	27 42
21	M	14 01 42	28 34 49	10 58	23 46 00	5 08	28 25	5 17	0 ♋ 40 09	28 40
22	T	14 05 39	29 ♎ 34 31	11 19	7 ♋ 27 13	5 15	28 28	5 14	14 07 19	27 52
23	W	14 09 35	0 ♏ 34 14	11 40	20 40 43	5 06	26 53	5 11	27 07 48	25 33
24	Th	14 13 32	1 34 00	12 01	3 ♌ 29 00	4 41	23 55	5 07	9 ♌ 44 51	22 02
25	F	14 17 28	2 33 48	12 22	15 55 55	4 03	19 56	5 04	22 02 45	17 38
26	S	14 21 25	3 33 38	12 42	28 05 59	3 16	15 12	5 01	4 ♍ 06 10	12 37
27	Su	14 25 22	4 33 31	13 02	10 ♍ 03 54	2 20	9 57	4 58	15 59 43	7 13
28	M	14 29 18	5 33 25	13 22	21 54 10	1 19	4 N26	4 55	27 47 44	1 N36
29	T	14 33 15	6 33 22	13 42	3 ♎ 40 53	0 N15	1 S14	4 52	9 ♎ 34 01	4 S03
30	W	14 37 11	7 33 20	14 02	15 27 33	0 S49	6 50	4 48	21 21 48	9 35
31	Th	14 41 08	8 ♏ 33 21	14 S21	27 ♎ 17 06	1 S51	12 S14	4 ♈ 45	3 ♏ 13 42	14 S48

D M	Mercury Lat.	Mercury Dec.	Mercury Dec.	Venus Lat.	Venus Dec.	Venus Dec.	Mars Lat.	Mars Dec.	Mars Dec.	Jupiter Lat.	Jupiter Dec.
	° ′	° ′	° ′	° ′	° ′	° ′	° ′	° ′	° ′	° ′	° ′
1	1 N15	2 S32	3 S 19	0 S 17	15 S09	15 S 35	0 N 32	23 N07	23 N 05	0 S 43	22 N26
3	1 03	4 05	4 50	0 24	16 00	16 25	0 35	23 03	23 01	0 43	22 26
5	0 51	5 36	6 21	0 30	16 50	17 14	0 38	22 58	22 56	0 43	22 26
7	0 39	7 05	7 49	0 36	17 38	18 01	0 41	22 53	22 51	0 43	22 26
9	0 25	8 32	9 15	0 42	18 24	18 46	0 44	22 48	22 45	0 43	22 26
11	0 N12	9 57	10 39	0 48	19 08	19 30	0 47	22 43	22 40	0 43	22 26
13	0 S02	11 19	12 00	0 54	19 51	20 11	0 51	22 37	22 34	0 43	22 26
15	0 16	12 39	13 18	1 00	20 31	20 50	0 54	22 32	22 29	0 43	22 26
17	0 29	13 56	14 33	1 06	21 09	21 27	0 57	22 26	22 23	0 43	22 26
19	0 43	15 10	15 45	1 12	21 45	22 02	1 01	22 20	22 17	0 43	22 26
21	0 56	16 20	16 54	1 18	22 19	22 35	1 04	22 14	22 11	0 43	22 25
23	1 10	17 28	18 00	1 24	22 50	23 05	1 08	22 08	22 06	0 43	22 25
25	1 22	18 31	19 02	1 29	23 19	23 32	1 11	22 03	22 00	0 43	22 25
27	1 35	19 31	20 00	1 35	23 45	23 57	1 15	21 57	21 54	0 43	22 24
29	1 46	20 28	20 S 54	1 40	24 09	24 S 20	1 19	21 52	21 N 49	0 43	22 24
31	1 S57	21 S20		1 S 45	24 S30		1 N 23	21 N46		0 S 43	22 N23

FIRST QUARTER–Oct.10,18h.55m. (17°♑58′)

FULL MOON–Oct.17,11h.26m. (24°♈35′)

D M	☿ Long.	♀ Long.	♂ Long.	♃ Long.	♄ Long.	♅ Long.	♆ Long.	♇ Long.	☉	☿	♀	♂	♃	♄	♅	♆	♇
	° ′	° ′	° ′	° ′	° ′	° ′	° ′	° ′	Lunar Aspects								
1	9♎17	10♏13	15♋07	21♊14	14♓20	26♉54	28♓14	29♑40			∠		□		△	☍	△
2	11 03	11 26	15 38	21 16	14 16	26 52	28 12	29 40	☌	☌	⚺				⚼		
3	12 47	12 39	16 09	21 17	14 12	26 51	28 10	29 40				□	△				
4	14 31	13 52	16 40	21 18	14 08	26 49	28 09	29 39						⚼			□
5	16 14	15 05	17 10	21 19	14 04	26 48	28 07	29 39	⚺	⚺	☌	△	⚼	△		⚼	
6	17 57	16 18	17 40	21 19	14 00	26 46	28 06	29 39	∠						☍	△	⚹
7	19 38	17 30	18 10	21 20	13 57	26 44	28 04	29 39		∠		⚼					
8	21 19	18 43	18 40	21 20	13 53	26 43	28 02	29 39	⚹	⚹	⚺		☍	□			∠
9	22 58	19 56	19 10	21℞ 20	13 50	26 41	28 01	29 39			∠					□	⚺
10	24 38	21 09	19 39	21 20	13 46	26 39	27 59	29 39	□			☍		⚹	⚼		
11	26 16	22 22	20 08	21 20	13 43	26 37	27 58	29 39		□	⚹			∠	△	⚹	☌
12	27 53	23 34	20 37	21 19	13 40	26 36	27 56	29 D 39					⚼	⚺		∠	
13	29♎30	24 47	21 05	21 18	13 37	26 34	27 55	29 39	△	△	□		△		□	⚺	⚺
14	1♏06	26 00	21 33	21 18	13 33	26 32	27 53	29 39	⚼	⚼		⚼		☌			∠
15	2 42	27 12	22 01	21 16	13 30	26 30	27 52	29 39			△	△	□		⚹	☌	⚹
16	4 17	28 25	22 28	21 15	13 27	26 28	27 50	29 39			⚼			⚺	∠		
17	5 51	29♏37	22 56	21 13	13 25	26 26	27 49	29 39	☍			□	⚹	∠	⚺	⚺	□
18	7 24	0♐50	23 23	21 12	13 22	26 24	27 47	29 39		☍			∠	⚹		∠	
19	8 57	2 02	23 49	21 10	13 19	26 22	27 46	29 39				⚹	⚺		☌	⚹	△
20	10 30	3 15	24 16	21 08	13 16	26 20	27 45	29 40	⚼		☍	∠		□			⚼
21	12 01	4 27	24 42	21 05	13 14	26 18	27 43	29 40	△	⚼		⚺	☌		⚺	□	
22	13 32	5 40	25 07	21 03	13 11	26 16	27 42	29 40						△	∠		
23	15 03	6 52	25 33	21 00	13 09	26 13	27 41	29 40		△	⚼	☌	⚺		⚹		
24	16 33	8 05	25 57	20 57	13 07	26 11	27 39	29 41	□		△		∠	⚼		△	☍
25	18 02	9 17	26 22	20 54	13 05	26 09	27 38	29 41		□			⚹			⚼	
26	19 31	10 29	26 46	20 51	13 03	26 07	27 37	29 42	⚹			⚺			□		
27	20 59	11 41	27 10	20 47	13 01	26 04	27 35	29 42			□	∠		☍			⚼
28	22 27	12 54	27 34	20 43	12 59	26 02	27 34	29 42	∠	⚹		⚹	□		△	☍	
29	23 54	14 06	27 57	20 40	12 57	26 00	27 33	29 43	⚺								△
30	25 20	15 18	28 19	20 35	12 55	25 58	27 32	29 43		∠	⚹		△		⚼		
31	26♏46	16♐30	28♋42	20♊31	12♓53	25♉55	27♓31	29♑44		⚺	∠	□		⚼			□

D M	Saturn Lat.	Saturn Dec.	Uranus Lat.	Uranus Dec.	Neptune Lat.	Neptune Dec.	Pluto Lat.	Pluto Dec.
	° ′	° ′	° ′	° ′	° ′	° ′	° ′	° ′
1	2S11	8S11	0S16	19N12	1S20	1S55	3S16	23S25
3	2 11	8 14	0 16	19 12	1 20	1 57	3 16	23 25
5	2 11	8 17	0 16	19 11	1 20	1 58	3 16	23 25
7	2 11	8 20	0 16	19 10	1 20	1 59	3 16	23 25
9	2 11	8 22	0 16	19 09	1 20	2 00	3 16	23 25
11	2 11	8 25	0 16	19 08	1 20	2 02	3 16	23 25
13	2 11	8 27	0 16	19 08	1 20	2 03	3 16	23 25
15	2 10	8 29	0 16	19 07	1 19	2 04	3 16	23 25
17	2 10	8 31	0 16	19 06	1 19	2 05	3 16	23 25
19	2 10	8 33	0 16	19 05	1 19	2 06	3 16	23 25
21	2 10	8 35	0 16	19 04	1 19	2 07	3 16	23 25
23	2 09	8 37	0 16	19 03	1 19	2 08	3 16	23 24
25	2 09	8 38	0 16	19 02	1 19	2 09	3 16	23 24
27	2 09	8 40	0 16	19 01	1 19	2 10	3 16	23 24
29	2 09	8 41	0 16	19 00	1 19	2 11	3 16	23 24
31	2S08	8S42	0S16	18N59	1S19	2S12	3S16	23S24

Mutual Aspects

2 ☿⚼♅.
3 ☿⚺♀. ♀⚼♆. ☉∥☿.
4 ☉⚼♅. ☿∇♄. ♀△♄.
5 ♀±♃.
6 ☉∇♄. ☿□♂.
7 ☿±♄. ♀Q♇.
8 ☿△♃. ☿±♅. ♀△♂.
9 ☿∥♄. ♃Stat.
10 ♀∇♃.
11 ☿∇♅. ♀#♅.
12 ☉±♄. ☿⚼♄. ☿∇♆. ♇Stat.
13 ☉±♅. ☿□♇. ♂⚺♃.
14 ☉□♂. ☉△♃. ♀☍♅. ☉∥♄.
16 ☿±♆. ♀△♆.
17 ☿⚼♃. ♀⚹♇. ♂∥♃.
19 ☉∇♅. 20 ☉∇♆.
21 ☉⚼♄. ☿⚼♆. ♀#♂. ♀#♃.
22 ☉⊥♀. ☉□♇. ☿△♄.
23 ☿±♃.
25 ☿Q♇. ♂⚹♅. ♀∥♇.
26 ☉±♆. ♂⊥♃. ☿#♅.
27 ☿∇♃.
28 ☉⚼♃. ♀⚼♂. ♀□♄. ♂△♆.
29 ♂⚼♄.
30 ☿☍♅. ♀∠♇.

LAST QUARTER–Oct.24,08h.03m. (1°♌24′)

NEW MOON–Nov. 1,12h.47m. (9°♏35′)

D M	D W	Sidereal Time	☉ Long.	☉ Dec.	☽ Long.	☽ Lat.	☽ Dec.	☽ Node	24h. ☽ Long.	24h. ☽ Dec.
		h m s	° ′ ″	° ′	° ′ ″	° ′	° ′	° ′	° ′ ″	° ′
1	F	14 45 04	9 ♏ 33 24	14 S 40	9 ♏ 11 52	2 S 49	17 S 14	4 ♈ 42	15 ♏ 11 49	19 S 31
2	S	14 49 01	10 33 28	14 59	21 13 44	3 40	21 36	4 39	27 17 47	23 29
3	Su	14 52 57	11 33 35	15 18	3 ♐ 24 10	4 22	25 07	4 36	9 ♐ 33 01	26 28
4	M	14 56 54	12 33 43	15 36	15 44 30	4 51	27 30	4 33	21 58 48	28 12
5	T	15 00 51	13 33 53	15 55	28 16 05	5 08	28 33	4 29	4 ♑ 36 33	28 32
6	W	15 04 47	14 34 05	16 13	11 ♑ 00 23	5 09	28 07	4 26	17 27 50	27 19
7	Th	15 08 44	15 34 18	16 30	23 59 06	4 55	26 09	4 23	0 ♒ 34 27	24 37
8	F	15 12 40	16 34 32	16 47	7 ♒ 14 06	4 25	22 44	4 20	13 58 17	20 32
9	S	15 16 37	17 34 48	17 05	20 47 12	3 40	18 02	4 17	27 41 02	15 17
10	Su	15 20 33	18 35 06	17 21	4 ♓ 39 51	2 41	12 18	4 13	11 ♓ 43 41	9 07
11	M	15 24 30	19 35 24	17 38	18 52 28	1 31	5 S 47	4 10	26 06 00	2 S 21
12	T	15 28 26	20 35 44	17 54	3 ♈ 23 57	0 S 13	1 N 09	4 07	10 ♈ 45 50	4 N 40
13	W	15 32 23	21 36 06	18 10	18 11 00	1 N 06	8 09	4 04	25 38 42	11 33
14	Th	15 36 20	22 36 29	18 25	3 ♉ 07 59	2 22	14 47	4 01	10 ♉ 37 50	17 48
15	F	15 40 16	23 36 54	18 41	18 07 08	3 28	20 33	3 58	25 34 46	22 58
16	S	15 44 13	24 37 20	18 55	2 ♊ 59 35	4 19	25 00	3 54	10 ♊ 20 32	26 35
17	Su	15 48 09	25 37 48	19 10	17 36 40	4 52	27 43	3 51	24 47 11	28 22
18	M	15 52 06	26 38 18	19 24	1 ♋ 51 26	5 06	28 32	3 48	8 ♋ 48 58	28 14
19	T	15 56 02	27 38 49	19 38	15 39 32	5 02	27 31	3 45	22 23 02	26 24
20	W	15 59 59	28 39 22	19 52	28 59 34	4 41	24 56	3 42	5 ♌ 29 22	23 11
21	Th	16 03 55	29 ♏ 39 57	20 05	11 ♌ 52 48	4 06	21 10	3 39	18 10 21	18 56
22	F	16 07 52	0 ♐ 40 34	20 17	24 22 33	3 20	16 33	3 35	0 ♍ 30 01	14 01
23	S	16 11 49	1 41 12	20 30	6 ♍ 33 24	2 27	11 22	3 32	12 33 24	8 39
24	Su	16 15 45	2 41 51	20 42	18 30 40	1 27	5 53	3 29	24 25 55	3 N 05
25	M	16 19 42	3 42 33	20 54	0 ♎ 19 47	0 N 25	0 N 15	3 26	6 ♎ 12 56	2 S 34
26	T	16 23 38	4 43 16	21 05	12 05 58	0 S 38	5 S 22	3 23	17 59 27	8 07
27	W	16 27 35	5 44 00	21 16	23 53 54	1 39	10 49	3 19	29 49 49	13 25
28	Th	16 31 31	6 44 47	21 26	5 ♏ 47 36	2 37	15 55	3 16	11 ♏ 47 37	18 16
29	F	16 35 28	7 45 34	21 36	17 50 09	3 28	20 28	3 13	23 55 26	22 28
30	S	16 39 24	8 ♐ 46 23	21 S 46	0 ♐ 03 41	4 S 10	24 S 14	3 ♈ 10	6 ♐ 14 59	25 S 44

D M	Mercury Lat.	Mercury Dec.		Venus Lat.	Venus Dec.		Mars Lat.	Mars Dec.		Jupiter Lat.	Jupiter Dec.
	° ′	° ′	° ′	° ′	° ′	° ′	° ′	° ′	° ′	° ′	° ′
1	2 S 02	21 S 44	22 S 08	1 S 48	24 S 39	24 S 48	1 N 25	21 N 44	21 N 41	0 S 43	22 N 23
3	2 12	22 30	22 51	1 52	24 56	25 04	1 29	21 39	21 36	0 43	22 22
5	2 20	23 11	23 30	1 57	25 10	25 16	1 33	21 34	21 32	0 43	22 21
7	2 28	23 48	24 04	2 01	25 21	25 26	1 37	21 29	21 27	0 43	22 21
9	2 33	24 19	24 33	2 05	25 30	25 33	1 41	21 25	21 23	0 43	22 20
11	2 37	24 45	24 56	2 09	25 35	25 37	1 46	21 22	21 20	0 43	22 19
13	2 39	25 06	25 14	2 12	25 38	25 38	1 50	21 18	21 17	0 43	22 18
15	2 39	25 20	25 25	2 15	25 37	25 36	1 55	21 16	21 15	0 42	22 17
17	2 36	25 29	25 31	2 18	25 34	25 31	1 59	21 14	21 13	0 42	22 16
19	2 29	25 31	25 30	2 20	25 27	25 23	2 04	21 12	21 11	0 42	22 15
21	2 19	25 27	25 22	2 22	25 18	25 12	2 09	21 11	21 11	0 42	22 14
23	2 04	25 16	25 08	2 24	25 06	24 59	2 14	21 10	21 11	0 42	22 13
25	1 44	24 57	24 45	2 25	24 51	24 43	2 19	21 11	21 11	0 42	22 12
27	1 17	24 31	24 15	2 26	24 33	24 24	2 24	21 12	21 13	0 41	22 11
29	0 46	23 56	23 S 35	2 27	24 13	24 S 02	2 29	21 14	21 N 15	0 41	22 09
31	0 S 09	23 S 13		2 S 27	23 S 50		2 N 34	21 N 16		0 S 41	22 N 08

FIRST QUARTER–Nov. 9,05h.55m. (17°♒20′)

FULL MOON–Nov.15,21h.28m. (24°♉01′)

D M	☿ Long.	♀ Long.	♂ Long.	♃ Long.	♄ Long.	♅ Long.	♆ Long.	♇ Long.
	° ′	° ′	° ′	° ′	° ′	° ′	° ′	° ′
1	28♏10	17♐42	29♋04	20♊27	12♓52	25♉53	27♓30	29♑45
2	29♏35	18 54	29 25	20 22	12 51	25 50	27 28	29 45
3	0♐58	20 06	29♋46	20 17	12 49	25 48	27 27	29 46
4	2 20	21 18	0♌07	20 12	12 48	25 46	27 26	29 46
5	3 42	22 30	0 27	20 07	12 47	25 43	27 25	29 47
6	5 03	23 42	0 46	20 02	12 46	25 41	27 24	29 48
7	6 22	24 54	1 06	19 56	12 45	25 38	27 23	29 49
8	7 40	26 06	1 24	19 51	12 44	25 36	27 22	29 49
9	8 57	27 18	1 43	19 45	12 44	25 33	27 21	29 50
10	10 12	28 29	2 00	19 39	12 43	25 31	27 20	29 51
11	11 26	29♐41	2 18	19 33	12 42	25 28	27 20	29 52
12	12 38	0♑52	2 34	19 27	12 42	25 26	27 19	29 53
13	13 48	2 04	2 50	19 20	12 42	25 24	27 18	29 54
14	14 55	3 15	3 06	19 14	12 42	25 21	27 17	29 55
15	16 00	4 27	3 21	19 07	12 D 42	25 19	27 16	29 56
16	17 02	5 38	3 36	19 01	12 42	25 16	27 16	29 57
17	18 00	6 49	3 50	18 54	12 42	25 14	27 15	29 58
18	18 54	8 00	4 03	18 47	12 42	25 11	27 14	29♑59
19	19 44	9 11	4 16	18 40	12 42	25 09	27 14	0♒00
20	20 30	10 22	4 28	18 32	12 43	25 06	27 13	0 01
21	21 09	11 33	4 40	18 25	12 43	25 04	27 12	0 02
22	21 43	12 44	4 51	18 18	12 44	25 01	27 12	0 03
23	22 09	13 55	5 01	18 10	12 45	24 59	27 11	0 04
24	22 28	15 06	5 11	18 02	12 46	24 56	27 11	0 05
25	22 39	16 16	5 19	17 55	12 47	24 54	27 11	0 06
26	22 ℞ 40	17 27	5 28	17 47	12 48	24 51	27 10	0 08
27	22 31	18 37	5 35	17 39	12 49	24 49	27 10	0 09
28	22 11	19 48	5 42	17 31	12 50	24 46	27 09	0 10
29	21 41	20 58	5 48	17 23	12 52	24 44	27 09	0 12
30	20♐59	22♑08	5♌54	17♊15	12♓53	24♉41	27♓09	0♒13

D M	Lunar Aspects ☉	☿	♀	♂	♃	♄	♅	♆	♇
1	☌				⚻	△		⚻	
2			⚺				☍		
3		☌		△				△	⚹
4	⚺		☌	⚻	☍	□			∠
5	∠	⚺						□	⚺
6	⚹					⚹	⚻		
7		∠	⚺			∠	△	⚹	☌
8		⚹	∠	☍	⚻	⚺		∠	
9	□				△		□	⚺	
10		□	⚹						⚺
11	△			⚻	□	☌	⚹		∠
12	⚻		□	△			∠	☌	⚹
13		△			⚹	⚺	⚺		
14		⚻	△	□	∠	∠		⚺	□
15	☍		⚻		⚺	⚹	☌	∠	
16				⚹				⚹	△
17		☍		∠	☌	□			⚻
18			☍	⚺			⚺	□	
19	⚻				⚺	△	∠		
20	△			☌	∠	⚻	⚹	△	☍
21		⚻						⚻	
22		△	⚻		⚹		□		
23	□			⚺					
24		□	△	∠	□	☍			⚻
25	⚹			⚹			△	☍	△
26					△		⚻		
27	∠	⚹	□			⚻			
28	⚺	∠		□	⚻				□
29		⚺	⚹			△		⚻	
30				△			☍	△	⚹

D M	Saturn Lat.	Saturn Dec.	Uranus Lat.	Uranus Dec.	Neptune Lat.	Neptune Dec.	Pluto Lat.	Pluto Dec.
	° ′	° ′	° ′	° ′	° ′	° ′	° ′	° ′
1	2S08	8S42	0S16	18N58	1S19	2S13	3S16	23S23
3	2 08	8 43	0 16	18 57	1 19	2 13	3 16	23 23
5	2 08	8 44	0 16	18 56	1 19	2 14	3 16	23 23
7	2 07	8 44	0 16	18 55	1 19	2 15	3 16	23 22
9	2 07	8 44	0 16	18 54	1 19	2 16	3 16	23 22
11	2 07	8 44	0 16	18 52	1 19	2 16	3 16	23 22
13	2 06	8 44	0 16	18 51	1 19	2 17	3 16	23 21
15	2 06	8 44	0 16	18 50	1 19	2 17	3 16	23 21
17	2 06	8 44	0 16	18 49	1 19	2 18	3 16	23 21
19	2 05	8 43	0 16	18 48	1 19	2 18	3 16	23 20
21	2 05	8 43	0 16	18 46	1 19	2 19	3 16	23 20
23	2 05	8 42	0 16	18 45	1 19	2 19	3 16	23 19
25	2 04	8 41	0 16	18 44	1 18	2 19	3 16	23 19
27	2 04	8 39	0 16	18 43	1 18	2 20	3 16	23 18
29	2 04	8 38	0 16	18 42	1 18	2 20	3 16	23 18
31	2S03	8S37	0S16	18N41	1S18	2S20	3S16	23S17

Mutual Aspects

1 ☿△♆. ☿#♂.
2 ☿△♂. ☿⚹♇.
3 ♀☍♃. ♂☍♇. ☿#♃.
4 ☉△♄. ☉⚻♆.
6 ☉±♃. ♀⊥♇. ☿∥♇.
7 ♀±♂. 8 ♀▽♅.
9 ☉Q♇. ♀□♆.
11 ☉▽♃. ♀⚺♇.
12 ☿□♄. ♀Q♄. ♀±♅.
14 ☿∠♇. ♀▽♂.
15 ♄ Stat. 16 ☉#♅.
17 ☉☍♅. ♂∠♃.
18 ☿⚻♂. ☿☍♃. ☿∥♀.
19 ☉△♆. 20 ♀⚻♅.
21 ☉⚹♇.
22 ♀⚹♄.
24 ♀Q♆.
26 ♀▽♃. ☿ Stat.
27 ☉△♂. ♄Q♅. ☉#♂. ☿∥♀.
29 ☿⚺♀. 30 ☿⚻♂.

LAST QUARTER–Nov.23,01h.28m. (1°♍15′)

NEW MOON–Dec. 1,06h.21m. (9°♐33′) & Dec.30,22h.27m. (9°♑44′)

 DECEMBER 2024 [RAPHAEL'S

D M	D W	Sidereal Time	☉ Long.	☉ Dec.	☽ Long.	☽ Lat.	☽ Dec.	☽ Node	24h. ☽ Long.	24h. ☽ Dec.
		h m s	° ′ ″	° ′	° ′ ″	° ′	° ′	° ′	° ′ ″	° ′
1	Su	16 43 21	9 ♐ 47 13	21 S 55	12 ♐ 29 24	4 S 41	26 S 56	3 ♈ 07	18 ♐ 46 58	27 S 48
2	M	16 47 18	10 48 05	22 04	25 07 40	4 58	28 19	3 04	1 ♑ 31 27	28 28
3	T	16 51 14	11 48 57	22 12	7 ♑ 58 14	5 01	28 13	3 00	14 27 58	27 34
4	W	16 55 11	12 49 51	22 20	21 00 34	4 49	26 33	2 57	27 35 58	25 10
5	Th	16 59 07	13 50 45	22 28	4 ♒ 14 09	4 21	23 25	2 54	10 ♒ 55 06	21 21
6	F	17 03 04	14 51 40	22 35	17 38 49	3 38	19 00	2 51	24 25 21	16 23
7	S	17 07 00	15 52 36	22 41	1 ♓ 14 46	2 42	13 33	2 48	8 ♓ 07 08	10 32
8	Su	17 10 57	16 53 32	22 48	15 02 32	1 36	7 22	2 45	22 01 01	4 S 06
9	M	17 14 53	17 54 29	22 53	29 02 36	0 S 24	0 S 45	2 41	6 ♈ 07 16	2 N 39
10	T	17 18 50	18 55 27	22 59	13 ♈ 14 55	0 N 51	6 N 01	2 38	20 25 20	9 20
11	W	17 22 47	19 56 25	23 03	27 38 16	2 04	12 34	2 35	4 ♉ 53 15	15 38
12	Th	17 26 43	20 57 24	23 08	12 ♉ 09 46	3 09	18 29	2 32	19 27 10	21 05
13	F	17 30 40	21 58 24	23 12	26 44 41	4 02	23 21	2 29	4 ♊ 01 30	25 15
14	S	17 34 36	22 59 24	23 15	11 ♊ 16 44	4 39	26 44	2 25	18 29 29	27 46
15	Su	17 38 33	24 00 25	23 18	25 38 52	4 58	28 20	2 22	2 ♋ 44 07	28 25
16	M	17 42 29	25 01 27	23 21	9 ♋ 44 31	4 58	28 02	2 19	16 39 29	27 13
17	T	17 46 26	26 02 29	23 23	23 28 37	4 41	26 00	2 16	0 ♌ 11 37	24 27
18	W	17 50 22	27 03 32	23 24	6 ♌ 48 23	4 09	22 35	2 13	13 18 58	20 27
19	Th	17 54 19	28 04 36	23 25	19 43 32	3 24	18 08	2 10	26 02 23	15 38
20	F	17 58 16	29 ♐ 05 41	23 26	2 ♍ 15 57	2 31	13 01	2 06	8 ♍ 24 44	10 18
21	S	18 02 12	0 ♑ 06 46	23 26	14 29 19	1 32	7 31	2 03	20 30 19	4 N 42
22	Su	18 06 09	1 07 52	23 26	26 28 26	0 N 30	1 N 51	2 00	2 ♎ 24 21	0 S 59
23	M	18 10 05	2 08 59	23 25	8 ♎ 18 46	0 S 33	3 S 48	1 57	14 12 25	6 35
24	T	18 14 02	3 10 06	23 24	20 05 59	1 34	9 18	1 54	26 00 09	11 57
25	W	18 17 58	4 11 15	23 22	1 ♏ 55 33	2 31	14 30	1 50	7 ♏ 52 50	16 56
26	Th	18 21 55	5 12 23	23 20	13 52 30	3 22	19 13	1 47	19 55 06	21 19
27	F	18 25 51	6 13 33	23 18	26 01 01	4 04	23 13	1 44	2 ♐ 10 39	24 52
28	S	18 29 48	7 14 42	23 14	8 ♐ 24 14	4 36	26 15	1 41	14 41 58	27 19
29	Su	18 33 45	8 15 53	23 11	21 03 57	4 55	28 03	1 38	27 30 10	28 24
30	M	18 37 41	9 17 03	23 07	4 ♑ 00 34	5 00	28 22	1 35	10 ♑ 34 59	27 56
31	T	18 41 38	10 ♑ 18 14	23 S 02	17 ♑ 13 10	4 S 48	27 S 06	1 ♈ 31	23 ♑ 54 51	25 S 52

D M	Mercury Lat.	Mercury Dec.		Venus Lat.	Venus Dec.		Mars Lat.	Mars Dec.		Jupiter Lat.	Jupiter Dec.
	° ′	° ′	° ′	° ′	° ′	° ′	° ′	° ′	° ′	° ′	° ′
1	0 S 09	23 S 13	22 S 48	2 S 27	23 S 50	23 S 38	2 N 34	21 N 16	21 N 18	0 S 41	22 N 08
3	0 N 32	22 22	21 54	2 26	23 24	23 11	2 40	21 20	21 22	0 41	22 07
5	1 12	21 26	20 58	2 25	22 56	22 41	2 45	21 24	21 26	0 41	22 05
7	1 48	20 30	20 05	2 24	22 26	22 10	2 51	21 29	21 32	0 40	22 04
9	2 17	19 41	19 21	2 22	21 53	21 36	2 56	21 35	21 38	0 40	22 03
11	2 37	19 04	18 51	2 20	21 18	21 00	3 02	21 42	21 46	0 40	22 01
13	2 49	18 41	18 36	2 17	20 41	20 22	3 07	21 50	21 54	0 39	22 00
15	2 52	18 33	18 34	2 13	20 02	19 41	3 13	21 58	22 03	0 39	21 58
17	2 49	18 38	18 45	2 09	19 21	18 59	3 18	22 07	22 12	0 39	21 57
19	2 41	18 54	19 05	2 05	18 38	18 16	3 24	22 17	22 22	0 38	21 56
21	2 29	19 17	19 31	2 00	17 53	17 30	3 29	22 28	22 34	0 38	21 54
23	2 16	19 45	20 00	1 54	17 07	16 43	3 35	22 39	22 45	0 38	21 53
25	2 01	20 16	20 32	1 48	16 19	15 55	3 40	22 51	22 57	0 37	21 51
27	1 45	20 48	21 04	1 41	15 30	15 05	3 45	23 04	23 10	0 37	21 50
29	1 28	21 19	21 S 34	1 34	14 40	14 S 14	3 49	23 16	23 N 23	0 37	21 49
31	1 N 11	21 S 49		1 S 26	13 S 48		3 N 54	23 N 29		0 S 36	21 N 48

FIRST QUARTER–Dec. 8,15h.27m. (17°♓02′)

FULL MOON–Dec.15,09h.02m. (23°♊53′)

EPHEMERIS]				DECEMBER 2024													25
D	☿	♀	♂	♃	♄	♅	♆	♇	Lunar Aspects								
M	Long.	Long.	Long.	Long.	Long.	Long.	Long.	Long.	☉	☿	♀	♂	♃	♄	♅	♆	♇
	° ′	° ′	° ′	° ′	° ′	° ′	° ′	° ′									
1	20♐07	23♑18	5♌58	17♊07	12♓55	24♉39	27♓09	0♒14	☌		∠		☍	□			∠
2	19 05	24 28	6 02	16 59	12 57	24 37	27 08	0 16		☌	⚺	⚼				□	⚺
3	17 55	25 38	6 05	16 51	12 58	24 34	27 08	0 17	⚺					✱	⚼		
4	16 38	26 48	6 08	16 43	13 00	24 32	27 08	0 18		⚺	☌				△	✱	
5	15 16	27 58	6 09	16 35	13 02	24 30	27 08	0 20	∠	∠		☍	⚼	∠			☌
6	13 53	29♑07	6℞10	16 27	13 05	24 27	27 08	0 21	✱	✱			△	⚺		∠	
7	12 32	0♒17	6 10	16 18	13 07	24 25	27D08	0 23			⚺				□	⚺	⚺
8	11 14	1 26	6 09	16 10	13 09	24 23	27 08	0 24	□	□	∠	⚼	□	☌			∠
9	10 03	2 35	6 08	16 02	13 12	24 20	27 08	0 26			✱	△			✱	☌	✱
10	9 00	3 44	6 05	15 54	13 14	24 18	27 08	0 27	△	△			✱	⚺	∠		
11	8 07	4 53	6 02	15 46	13 17	24 16	27 08	0 29		⚼			∠	∠	⚺	⚺	□
12	7 24	6 02	5 58	15 38	13 20	24 14	27 08	0 30	⚼		□	□	⚺	✱		∠	
13	6 53	7 10	5 53	15 30	13 22	24 12	27 08	0 32							☌	✱	△
14	6 33	8 19	5 47	15 22	13 25	24 10	27 09	0 34		☍	△	✱	☌	□			⚼
15	6D24	9 27	5 41	15 14	13 28	24 08	27 09	0 35	☍		⚼	∠			⚺	□	
16	6 26	10 35	5 33	15 06	13 31	24 06	27 09	0 37				⚺	⚺	△	∠		
17	6 37	11 43	5 25	14 58	13 35	24 04	27 09	0 38		⚼			∠	⚼	✱	△	
18	6 56	12 50	5 16	14 50	13 38	24 02	27 10	0 40	⚼	△		☌				⚼	☍
19	7 24	13 58	5 06	14 42	13 41	24 00	27 10	0 42			☍		✱		□		
20	7 58	15 05	4 55	14 34	13 45	23 58	27 11	0 43	△	□		⚺					
21	8 39	16 12	4 43	14 27	13 48	23 56	27 11	0 45				∠	□	☍			⚼
22	9 26	17 19	4 31	14 19	13 52	23 54	27 12	0 47	□						△	☍	△
23	10 18	18 26	4 18	14 12	13 56	23 52	27 12	0 49		✱	⚼	✱	△		⚼		
24	11 14	19 32	4 04	14 04	14 00	23 50	27 13	0 50			△						
25	12 14	20 38	3 49	13 57	14 04	23 49	27 13	0 52	✱	∠		□	⚼	⚼			□
26	13 17	21 44	3 33	13 50	14 08	23 47	27 14	0 54		⚺				△		⚼	
27	14 24	22 50	3 17	13 43	14 12	23 45	27 14	0 56	∠		□				☍	△	✱
28	15 33	23 56	3 00	13 36	14 16	23 44	27 15	0 58	⚺			△	☍	□			
29	16 45	25 01	2 42	13 29	14 20	23 42	27 16	0 59		☌	✱	⚼				□	∠
30	17 58	26 06	2 24	13 23	14 25	23 40	27 17	1 01	☌						⚼		⚺
31	19♐14	27♒10	2♌05	13♊16	14♓29	23♉39	27♓17	1♒03		⚺	∠			✱	△		

D	Saturn		Uranus		Neptune		Pluto	
M	Lat.	Dec.	Lat.	Dec.	Lat.	Dec.	Lat.	Dec.
	° ′	° ′	° ′	° ′	° ′	° ′	° ′	° ′
1	2S03	8S37	0S16	18N41	1S18	2S20	3S16	23S17
3	2 03	8 35	0 16	18 40	1 18	2 20	3 16	23 16
5	2 03	8 33	0 16	18 38	1 18	2 20	3 16	23 16
7	2 02	8 31	0 16	18 37	1 18	2 20	3 16	23 15
9	2 02	8 29	0 16	18 36	1 18	2 20	3 16	23 15
11	2 02	8 27	0 16	18 35	1 18	2 20	3 16	23 14
13	2 01	8 24	0 15	18 34	1 18	2 20	3 16	23 13
15	2 01	8 22	0 15	18 33	1 18	2 19	3 16	23 13
17	2 01	8 19	0 15	18 32	1 18	2 19	3 16	23 12
19	2 00	8 16	0 15	18 31	1 18	2 19	3 16	23 11
21	2 00	8 13	0 15	18 30	1 18	2 18	3 16	23 11
23	2 00	8 10	0 15	18 29	1 17	2 18	3 16	23 10
25	2 00	8 07	0 15	18 29	1 17	2 17	3 16	23 09
27	1 59	8 03	0 15	18 28	1 17	2 17	3 16	23 08
29	1 59	8 00	0 15	18 27	1 17	2 16	3 16	23 08
31	1S59	7S56	0S15	18N26	1S17	2S15	3S16	23S07

Mutual Aspects

1 ♀±♃. ☿∥♇.
2 ☿⊥♀. ♀△♅. ☉♯♃.
3 ☉∥☿.
4 ☉□♄. ☿☍♃. ♀✱♆. ☿♯♃. ♀∥♇.
5 ☿∠♇. ♀∠♄. ☿♯♂.
6 ☉☌☿. ☉∠♇. ☿∠♀. ☉∥♀. ♂Stat.
7 ☉☍♃. ☿□♄. ♀☌♇. ♆Stat.
8 ♀⚼♃. ♀♯♃.
10 ♀♯♂. 11 ☉∠♀.
12 ☉⚼♂. ♀☍♂.
13 ☿✱♀. ♀⊥♄. ♃⚼♇. ☉∥♇.
15 ☉∇♅. ♂∥♃. ☿Stat.
16 ☉⊥♇. 17 ♀∠♆.
18 ☉□♆. ☿∥♀.
19 ♀⚺♄. ♀♯♅.
20 ☉±♂. ♀△♃.
21 ☉±♅. 22 ☉⚺♇.
23 ☉Q♄.
24 ♃□♄.
25 ☉∇♂.
26 ☿☍♃. ♀⊥♆.
27 ☿□♄.
28 ☿∠♇. ♀□♅. ☉♯♂. ♂♯♇.
29 ☉⚼♅.
30 ☿⚼♂. ☉∥♇.
31 ♀⚺♆. ☿♯♃.

LAST QUARTER–Dec.22,22h.18m. (1°♎34′)

JANUARY

D	☉ ° ′ ″	☽ ° ′ ″	☽Dec. ° ′	☿ ° ′	♀ ° ′	♂ ′
1	1 01 08	11 48 05	5 25	0 06	1 13	45
2	1 01 09	11 49 58	5 35	0 03	1 13	45
3	1 01 09	11 57 13	5 37	0 12	1 13	45
4	1 01 09	12 10 04	5 29	0 20	1 13	45
5	1 01 10	12 28 21	5 09	0 27	1 13	45
6	1 01 10	12 51 20	4 32	0 33	1 13	45
7	1 01 10	13 17 38	3 35	0 39	1 13	45
8	1 01 10	13 45 09	2 15	0 44	1 13	45
9	1 01 10	14 11 09	0 33	0 49	1 13	45
10	1 01 10	14 32 37	1 22	0 53	1 13	45
11	1 01 10	14 46 55	3 13	0 57	1 13	45
12	1 01 10	14 52 29	4 47	1 00	1 14	45
13	1 01 09	14 49 18	5 54	1 03	1 14	45
14	1 01 08	14 38 48	6 34	1 06	1 14	45
15	1 01 08	14 23 23	6 47	1 08	1 14	45
16	1 01 07	14 05 33	6 38	1 10	1 14	45
17	1 01 06	13 47 26	6 09	1 12	1 14	45
18	1 01 05	13 30 26	5 24	1 14	1 14	45
19	1 01 05	13 15 12	4 23	1 16	1 14	45
20	1 01 04	13 01 49	3 08	1 17	1 14	45
21	1 01 03	12 49 58	1 43	1 19	1 14	45
22	1 01 02	12 39 08	0 14	1 20	1 14	45
23	1 01 01	12 28 56	1 13	1 21	1 14	45
24	1 01 00	12 19 08	2 31	1 22	1 14	45
25	1 01 00	12 09 47	3 35	1 23	1 14	45
26	1 00 59	12 01 13	4 24	1 24	1 14	46
27	1 00 58	11 54 04	4 59	1 25	1 14	46
28	1 00 57	11 49 06	5 22	1 26	1 14	46
29	1 00 56	11 47 10	5 34	1 27	1 14	46
30	1 00 56	11 49 06	5 36	1 28	1 14	46
31	1 00 55	11 55 38	5 29	1 28	1 14	46

FEBRUARY

D	☉ ° ′ ″	☽ ° ′ ″	☽Dec. ° ′	☿ ° ′	♀ ° ′	♂ ′
1	1 00 54	12 07 20	5 11	1 29	1 14	46
2	1 00 53	12 24 25	4 40	1 30	1 14	46
3	1 00 53	12 46 41	3 52	1 31	1 14	46
4	1 00 52	13 13 19	2 44	1 32	1 14	46
5	1 00 51	13 42 41	1 15	1 32	1 14	46
6	1 00 50	14 12 16	0 33	1 33	1 14	46
7	1 00 49	14 38 51	2 27	1 34	1 14	46
8	1 00 48	14 59 01	4 14	1 35	1 14	46
9	1 00 47	15 10 00	5 39	1 35	1 14	46
10	1 00 45	15 10 32	6 35	1 36	1 14	46
11	1 00 44	15 01 08	7 02	1 37	1 14	46
12	1 00 42	14 43 56	7 00	1 38	1 14	46
13	1 00 41	14 21 53	6 34	1 39	1 14	46
14	1 00 39	13 57 54	5 48	1 39	1 14	46
15	1 00 37	13 34 20	4 45	1 40	1 14	46
16	1 00 36	13 12 44	3 28	1 41	1 14	46
17	1 00 34	12 53 55	2 02	1 42	1 14	46
18	1 00 32	12 38 05	0 32	1 43	1 14	46
19	1 00 30	12 25 04	0 55	1 44	1 14	46
20	1 00 29	12 14 29	2 14	1 45	1 14	46
21	1 00 27	12 05 57	3 21	1 46	1 14	46
22	1 00 25	11 59 07	4 14	1 47	1 14	46
23	1 00 23	11 53 51	4 53	1 48	1 14	46
24	1 00 22	11 50 11	5 19	1 49	1 14	46
25	1 00 20	11 48 21	5 34	1 50	1 14	46
26	1 00 18	11 48 46	5 38	1 50	1 14	46
27	1 00 17	11 52 00	5 33	1 51	1 14	46
28	1 00 15	11 58 37	5 16	1 52	1 14	46
29	1 00 14	12 09 10	4 47	1 53	1 14	46

MARCH

D	☉ ° ′ ″	☽ ° ′ ″	☽Dec. ° ′	☿ ° ′	♀ ° ′	♂ ′
1	1 00 12	12 24 05	4 04	1 54	1 14	46
2	1 00 11	12 43 28	3 03	1 55	1 14	46
3	1 00 09	13 07 00	1 44	1 55	1 14	47
4	1 00 08	13 33 45	0 08	1 56	1 14	47
5	1 00 06	14 02 01	1 39	1 56	1 14	47
6	1 00 05	14 29 16	3 26	1 56	1 14	47
7	1 00 03	14 52 28	5 01	1 57	1 14	47
8	1 00 01	15 08 33	6 14	1 56	1 14	47
9	0 59 59	15 15 13	6 59	1 56	1 14	47
10	0 59 57	15 11 34	7 15	1 55	1 14	47
11	0 59 56	14 58 25	7 02	1 54	1 14	47
12	0 59 53	14 37 53	6 23	1 53	1 14	47
13	0 59 51	14 12 50	5 21	1 51	1 14	47
14	0 59 49	13 46 07	4 02	1 49	1 14	47
15	0 59 47	13 20 06	2 32	1 46	1 14	47
16	0 59 45	12 56 28	0 57	1 43	1 14	47
17	0 59 43	12 36 12	0 35	1 39	1 14	47
18	0 59 40	12 19 43	1 57	1 35	1 14	47
19	0 59 38	12 07 04	3 07	1 30	1 14	47
20	0 59 36	11 58 00	4 02	1 25	1 14	47
21	0 59 33	11 52 08	4 44	1 20	1 14	47
22	0 59 31	11 49 06	5 14	1 14	1 14	47
23	0 59 29	11 48 33	5 32	1 08	1 14	47
24	0 59 27	11 50 12	5 40	1 01	1 14	47
25	0 59 25	11 53 57	5 38	0 54	1 14	47
26	0 59 23	11 59 48	5 24	0 47	1 14	47
27	0 59 21	12 07 53	4 57	0 40	1 14	47
28	0 59 19	12 18 27	4 16	0 33	1 14	47
29	0 59 17	12 31 43	3 19	0 25	1 14	47
30	0 59 16	12 47 50	2 05	0 18	1 14	47
31	0 59 14	13 06 45	0 36	0 10	1 14	47

APRIL

D	☉ ° ′ ″	☽ ° ′ ″	☽Dec. ° ′	☿ ° ′	♀ ° ′	♂ ′
1	0 59 12	13 28 03	1 04	0 03	1 14	47
2	0 59 10	13 50 53	2 45	0 04	1 14	47
3	0 59 09	14 13 46	4 19	0 11	1 14	47
4	0 59 07	14 34 43	5 37	0 17	1 14	47
5	0 59 05	14 51 26	6 34	0 23	1 14	47
6	0 59 03	15 01 38	7 06	0 29	1 14	47
7	0 59 01	15 03 40	7 12	0 33	1 14	47
8	0 58 59	14 56 56	6 49	0 37	1 14	47
9	0 58 57	14 42 03	5 59	0 41	1 14	47
10	0 58 55	14 20 48	4 45	0 43	1 14	47
11	0 58 53	13 55 35	3 14	0 45	1 14	47
12	0 58 51	13 28 58	1 34	0 45	1 14	47
13	0 58 49	13 03 14	0 05	0 45	1 14	47
14	0 58 46	12 40 07	1 35	0 44	1 14	47
15	0 58 44	12 20 47	2 51	0 42	1 14	47
16	0 58 42	12 05 50	3 50	0 40	1 14	47
17	0 58 40	11 55 27	4 35	0 37	1 14	47
18	0 58 37	11 49 32	5 07	0 33	1 14	46
19	0 58 35	11 47 45	5 28	0 29	1 14	46
20	0 58 33	11 49 36	5 39	0 25	1 14	46
21	0 58 31	11 54 34	5 40	0 20	1 14	46
22	0 58 29	12 02 04	5 30	0 15	1 14	46
23	0 58 27	12 11 35	5 07	0 10	1 14	46
24	0 58 25	12 22 38	4 30	0 05	1 14	46
25	0 58 24	12 34 51	3 36	0 00	1 14	46
26	0 58 22	12 47 59	2 24	0 05	1 14	46
27	0 58 20	13 01 54	0 57	0 10	1 14	46
28	0 58 19	13 16 31	0 40	0 14	1 14	46
29	0 58 17	13 31 44	2 18	0 19	1 14	46
30	0 58 16	13 47 18	3 49	0 24	1 14	46

MAY

D	☉	☽	☽Dec.	☿	♀	♂
	° ′ ″	° ′ ″	° ′	° ′	° ′	′
1	0 58 14	14 02 44	5 06	0 28	1 14	46
2	0 58 13	14 17 14	6 05	0 32	1 14	46
3	0 58 11	14 29 36	6 44	0 36	1 14	46
4	0 58 10	14 38 24	7 00	0 40	1 14	46
5	0 58 08	14 42 08	6 52	0 44	1 14	46
6	0 58 07	14 39 38	6 18	0 47	1 14	46
7	0 58 05	14 30 25	5 19	0 51	1 14	46
8	0 58 04	14 14 54	3 56	0 54	1 14	46
9	0 58 02	13 54 24	2 17	0 57	1 14	46
10	0 58 00	13 30 53	0 33	1 00	1 14	46
11	0 57 59	13 06 32	1 05	1 03	1 14	46
12	0 57 57	12 43 25	2 30	1 06	1 14	46
13	0 57 55	12 23 13	3 36	1 09	1 14	46
14	0 57 53	12 07 07	4 26	1 11	1 14	46
15	0 57 51	11 55 48	5 00	1 14	1 14	46
16	0 57 50	11 49 34	5 23	1 17	1 14	46
17	0 57 48	11 48 24	5 36	1 19	1 14	46
18	0 57 46	11 51 58	5 40	1 21	1 14	46
19	0 57 45	11 59 43	5 33	1 24	1 14	46
20	0 57 43	12 10 54	5 15	1 26	1 14	46
21	0 57 42	12 24 34	4 43	1 29	1 14	46
22	0 57 40	12 39 43	3 54	1 31	1 14	45
23	0 57 39	12 55 15	2 46	1 33	1 14	45
24	0 57 38	13 10 14	1 20	1 36	1 14	45
25	0 57 37	13 23 55	0 18	1 38	1 14	45
26	0 57 36	13 35 53	1 58	1 40	1 14	45
27	0 57 35	13 46 03	3 31	1 43	1 14	45
28	0 57 34	13 54 36	4 49	1 45	1 14	45
29	0 57 33	14 01 51	5 48	1 47	1 14	45
30	0 57 32	14 08 00	6 27	1 50	1 14	45
31	0 57 31	14 12 57	6 46	1 52	1 14	45

JUNE

D	☉	☽	☽Dec.	☿	♀	♂
	° ′ ″	° ′ ″	° ′	° ′	° ′	′
1	0 57 30	14 16 16	6 44	1 54	1 14	45
2	0 57 30	14 17 08	6 20	1 56	1 14	45
3	0 57 29	14 14 37	5 33	1 58	1 14	45
4	0 57 28	14 07 52	4 23	2 00	1 14	45
5	0 57 28	13 56 32	2 53	2 02	1 14	45
6	0 57 27	13 40 57	1 12	2 04	1 14	45
7	0 57 26	13 22 07	0 31	2 06	1 14	45
8	0 57 25	13 01 35	2 03	2 08	1 14	45
9	0 57 24	12 41 08	3 18	2 09	1 14	45
10	0 57 23	12 22 27	4 14	2 10	1 14	45
11	0 57 22	12 07 01	4 53	2 11	1 14	44
12	0 57 21	11 55 53	5 19	2 12	1 14	44
13	0 57 20	11 49 46	5 33	2 12	1 14	44
14	0 57 19	11 49 01	5 38	2 12	1 14	44
15	0 57 18	11 53 39	5 34	2 12	1 14	44
16	0 57 17	12 03 21	5 20	2 11	1 14	44
17	0 57 16	12 17 29	4 53	2 11	1 14	44
18	0 57 16	12 35 01	4 10	2 10	1 14	44
19	0 57 15	12 54 36	3 09	2 09	1 14	44
20	0 57 14	13 14 37	1 48	2 07	1 14	44
21	0 57 14	13 33 19	0 11	2 06	1 14	44
22	0 57 14	13 49 09	1 33	2 04	1 14	44
23	0 57 13	14 01 02	3 13	2 02	1 14	44
24	0 57 13	14 08 33	4 38	2 00	1 14	44
25	0 57 13	14 11 59	5 42	1 58	1 14	44
26	0 57 13	14 12 09	6 23	1 56	1 14	44
27	0 57 13	14 10 04	6 42	1 54	1 14	43
28	0 57 13	14 06 38	6 41	1 52	1 14	43
29	0 57 13	14 02 20	6 20	1 50	1 14	43
30	0 57 13	13 57 13	5 38	1 48	1 14	43

JULY

D	☉	☽	☽Dec.	☿	♀	♂
	° ′ ″	° ′ ″	° ′	° ′	° ′	′
1	0 57 13	13 50 54	4 36	1 46	1 14	43
2	0 57 13	13 42 49	3 16	1 44	1 14	43
3	0 57 14	13 32 30	1 41	1 42	1 14	43
4	0 57 14	13 19 47	0 00	1 40	1 14	43
5	0 57 14	13 04 55	1 35	1 37	1 14	43
6	0 57 14	12 48 41	2 56	1 35	1 14	43
7	0 57 14	12 32 11	4 00	1 33	1 14	43
8	0 57 14	12 16 44	4 45	1 31	1 14	43
9	0 57 14	12 03 37	5 15	1 29	1 14	43
10	0 57 14	11 53 57	5 32	1 27	1 14	42
11	0 57 13	11 48 41	5 38	1 24	1 14	42
12	0 57 13	11 48 26	5 35	1 22	1 14	42
13	0 57 13	11 53 36	5 23	1 20	1 14	42
14	0 57 14	12 04 12	5 00	1 17	1 14	42
15	0 57 14	12 19 55	4 23	1 15	1 14	42
16	0 57 14	12 39 59	3 30	1 13	1 14	42
17	0 57 14	13 03 06	2 18	1 10	1 14	42
18	0 57 14	13 27 27	0 46	1 08	1 14	42
19	0 57 15	13 50 48	0 58	1 05	1 14	42
20	0 57 15	14 10 51	2 44	1 02	1 14	42
21	0 57 15	14 25 35	4 20	0 59	1 14	42
22	0 57 16	14 33 49	5 35	0 56	1 14	41
23	0 57 17	14 35 26	6 25	0 53	1 14	41
24	0 57 17	14 31 16	6 50	0 50	1 14	41
25	0 57 18	14 22 50	6 51	0 47	1 14	41
26	0 57 19	14 11 48	6 31	0 43	1 14	41
27	0 57 20	13 59 32	5 49	0 39	1 14	41
28	0 57 21	13 46 59	4 49	0 35	1 14	41
29	0 57 22	13 34 35	3 32	0 31	1 14	41
30	0 57 23	13 22 20	2 01	0 27	1 14	41
31	0 57 25	13 10 03	0 24	0 23	1 14	41

AUGUST

D	☉	☽	☽Dec.	☿	♀	♂
	° ′ ″	° ′ ″	° ′	° ′	° ′	′
1	0 57 26	12 57 31	1 11	0 18	1 14	40
2	0 57 27	12 44 42	2 35	0 14	1 14	40
3	0 57 27	12 31 45	3 44	0 09	1 14	40
4	0 57 28	12 19 07	4 35	0 04	1 14	40
5	0 57 29	12 07 29	5 09	0 02	1 14	40
6	0 57 30	11 57 39	5 30	0 07	1 14	40
7	0 57 31	11 50 30	5 39	0 12	1 14	40
8	0 57 32	11 46 49	5 37	0 18	1 14	40
9	0 57 33	11 47 22	5 26	0 23	1 14	40
10	0 57 34	11 52 42	5 05	0 28	1 14	40
11	0 57 35	12 03 10	4 33	0 33	1 14	39
12	0 57 36	12 18 49	3 46	0 37	1 14	39
13	0 57 37	12 39 16	2 42	0 42	1 14	39
14	0 57 38	13 03 38	1 20	0 45	1 14	39
15	0 57 39	13 30 26	0 17	0 48	1 14	39
16	0 57 40	13 57 27	2 03	0 50	1 14	39
17	0 57 41	14 22 06	3 45	0 51	1 14	39
18	0 57 42	14 41 41	5 14	0 51	1 14	39
19	0 57 43	14 54 00	6 19	0 51	1 14	38
20	0 57 44	14 57 55	6 58	0 49	1 14	38
21	0 57 46	14 53 36	7 08	0 46	1 14	38
22	0 57 47	14 42 24	6 53	0 42	1 14	38
23	0 57 49	14 26 17	6 14	0 37	1 14	38
24	0 57 51	14 07 25	5 13	0 32	1 14	38
25	0 57 53	13 47 41	3 54	0 25	1 14	38
26	0 57 55	13 28 25	2 22	0 18	1 14	38
27	0 57 56	13 10 27	0 45	0 11	1 14	37
28	0 57 58	12 54 11	0 51	0 03	1 13	37
29	0 58 00	12 39 40	2 17	0 05	1 13	37
30	0 58 02	12 26 50	3 28	0 13	1 13	37
31	0 58 04	12 15 35	4 22	0 22	1 13	37

SEPTEMBER

D	☉ ° ′ ″	☽ ° ′ ″	☽Dec. ° ′	☿ ° ′	♀ ° ′	♂ ′
1	0 58 05	12 05 52	5 01	0 30	1 13	37
2	0 58 07	11 57 46	5 26	0 38	1 13	37
3	0 58 09	11 51 32	5 39	0 46	1 13	36
4	0 58 10	11 47 31	5 40	0 54	1 13	36
5	0 58 12	11 46 10	5 31	1 01	1 13	36
6	0 58 13	11 48 00	5 12	1 08	1 13	36
7	0 58 15	11 53 34	4 42	1 14	1 13	36
8	0 58 17	12 03 17	3 59	1 20	1 13	36
9	0 58 18	12 17 28	3 01	1 26	1 13	36
10	0 58 20	12 36 08	1 47	1 30	1 13	35
11	0 58 21	12 58 54	0 18	1 35	1 13	35
12	0 58 23	13 24 53	1 20	1 38	1 13	35
13	0 58 24	13 52 30	3 01	1 42	1 13	35
14	0 58 26	14 19 33	4 35	1 44	1 13	35
15	0 58 28	14 43 18	5 52	1 46	1 13	35
16	0 58 29	15 01 00	6 47	1 48	1 13	34
17	0 58 31	15 10 24	7 15	1 49	1 13	34
18	0 58 33	15 10 21	7 15	1 50	1 13	34
19	0 58 35	15 01 06	6 45	1 51	1 13	34
20	0 58 37	14 44 13	5 49	1 51	1 13	34
21	0 58 39	14 22 03	4 30	1 52	1 13	33
22	0 58 42	13 57 11	2 55	1 51	1 13	33
23	0 58 44	13 32 00	1 12	1 51	1 13	33
24	0 58 46	13 08 16	0 29	1 51	1 13	33
25	0 58 48	12 47 11	1 59	1 50	1 13	33
26	0 58 51	12 29 19	3 13	1 50	1 13	32
27	0 58 53	12 14 54	4 11	1 49	1 13	32
28	0 58 55	12 03 47	4 52	1 48	1 13	32
29	0 58 57	11 55 44	5 20	1 48	1 13	32
30	0 58 59	11 50 25	5 36	1 47	1 13	32

OCTOBER

D	☉ ° ′ ″	☽ ° ′ ″	☽Dec. ° ′	☿ ° ′	♀ ° ′	♂ ′
1	0 59 01	11 47 34	5 41	1 46	1 13	31
2	0 59 04	11 47 01	5 35	1 45	1 13	31
3	0 59 06	11 48 40	5 19	1 44	1 13	31
4	0 59 08	11 52 37	4 51	1 43	1 13	31
5	0 59 10	11 59 04	4 10	1 43	1 13	30
6	0 59 11	12 08 16	3 16	1 42	1 13	30
7	0 59 13	12 20 33	2 06	1 41	1 13	30
8	0 59 15	12 36 07	0 44	1 40	1 13	30
9	0 59 17	12 55 03	0 48	1 39	1 13	29
10	0 59 19	13 17 02	2 23	1 39	1 13	29
11	0 59 21	13 41 20	3 54	1 38	1 13	29
12	0 59 22	14 06 37	5 13	1 37	1 13	29
13	0 59 24	14 30 52	6 16	1 37	1 13	28
14	0 59 26	14 51 38	6 59	1 36	1 13	28
15	0 59 27	15 06 13	7 16	1 35	1 13	28
16	0 59 29	15 12 24	7 05	1 34	1 13	27
17	0 59 31	15 08 56	6 24	1 34	1 13	27
18	0 59 34	14 56 01	5 14	1 33	1 13	27
19	0 59 36	14 35 18	3 41	1 33	1 12	26
20	0 59 38	14 09 23	1 53	1 32	1 12	26
21	0 59 40	13 41 13	0 04	1 31	1 12	26
22	0 59 42	13 13 30	1 36	1 31	1 12	25
23	0 59 45	12 48 17	2 57	1 30	1 12	25
24	0 59 47	12 26 55	4 00	1 30	1 12	25
25	0 59 49	12 10 04	4 44	1 29	1 12	24
26	0 59 51	11 57 55	5 14	1 28	1 12	24
27	0 59 53	11 50 16	5 32	1 28	1 12	24
28	0 59 56	11 46 43	5 39	1 27	1 12	23
29	0 59 58	11 46 40	5 37	1 27	1 12	23
30	1 00 00	11 49 33	5 24	1 26	1 12	22
31	1 00 02	11 54 47	5 00	1 25	1 12	22

NOVEMBER

D	☉ ° ′ ″	☽ ° ′ ″	☽Dec. ° ′	☿ ° ′	♀ ° ′	♂ ′
1	1 00 04	12 01 51	4 22	1 25	1 12	22
2	1 00 06	12 10 26	3 30	1 24	1 12	21
3	1 00 07	12 20 21	2 23	1 23	1 12	21
4	1 00 09	12 31 35	1 03	1 22	1 12	20
5	1 00 11	12 44 18	0 26	1 21	1 12	20
6	1 00 12	12 58 43	1 58	1 20	1 12	19
7	1 00 14	13 15 00	3 25	1 19	1 12	19
8	1 00 15	13 33 07	4 42	1 18	1 12	18
9	1 00 17	13 52 38	5 44	1 16	1 12	18
10	1 00 18	14 12 37	6 30	1 15	1 12	17
11	1 00 19	14 31 29	6 56	1 13	1 12	17
12	1 00 21	14 47 04	7 00	1 11	1 12	16
13	1 00 22	14 56 59	6 38	1 09	1 11	16
14	1 00 24	14 59 09	5 46	1 06	1 11	15
15	1 00 25	14 52 26	4 26	1 03	1 11	15
16	1 00 27	14 37 05	2 43	1 00	1 11	14
17	1 00 29	14 14 46	0 49	0 56	1 11	14
18	1 00 31	13 48 06	1 01	0 52	1 11	13
19	1 00 32	13 20 02	2 35	0 48	1 11	13
20	1 00 34	12 53 14	3 47	0 43	1 11	12
21	1 00 36	12 29 45	4 37	0 37	1 11	11
22	1 00 37	12 10 52	5 10	0 30	1 11	11
23	1 00 39	11 57 16	5 29	0 23	1 11	10
24	1 00 41	11 49 07	5 38	0 15	1 11	9
25	1 00 42	11 46 11	5 37	0 06	1 11	9
26	1 00 44	11 47 57	5 27	0 04	1 11	8
27	1 00 45	11 53 42	5 06	0 14	1 10	7
28	1 00 47	12 02 33	4 33	0 25	1 10	7
29	1 00 48	12 13 32	3 46	0 36	1 10	6
30	1 00 50	12 25 43	2 42	0 47	1 10	5

DECEMBER

D	☉ ° ′ ″	☽ ° ′ ″	☽Dec. ° ′	☿ ° ′	♀ ° ′	♂ ′
1	1 00 51	12 38 16	1 23	0 57	1 10	4
2	1 00 52	12 50 34	0 06	1 06	1 10	4
3	1 00 53	13 02 20	1 40	1 14	1 10	3
4	1 00 54	13 13 36	3 08	1 20	1 10	2
5	1 00 55	13 24 40	4 25	1 22	1 10	1
6	1 00 55	13 35 57	5 27	1 23	1 09	0
7	1 00 56	13 47 46	6 11	1 20	1 09	0
8	1 00 57	14 00 04	6 38	1 15	1 09	1
9	1 00 57	14 12 19	6 46	1 07	1 09	2
10	1 00 58	14 23 21	6 33	0 58	1 09	3
11	1 00 59	14 31 30	5 55	0 48	1 09	4
12	1 00 59	14 34 55	4 52	0 37	1 09	5
13	1 01 00	14 32 03	3 23	0 25	1 08	5
14	1 01 01	14 22 08	1 36	0 14	1 08	6
15	1 01 01	14 05 39	0 18	0 04	1 08	7
16	1 01 02	13 44 06	2 02	0 06	1 08	8
17	1 01 03	13 19 46	3 26	0 15	1 08	9
18	1 01 04	12 55 08	4 27	0 24	1 08	10
19	1 01 04	12 32 26	5 07	0 31	1 07	10
20	1 01 05	12 13 22	5 30	0 38	1 07	11
21	1 01 06	11 59 07	5 40	0 44	1 07	12
22	1 01 06	11 50 20	5 39	0 49	1 07	13
23	1 01 07	11 47 13	5 30	0 54	1 07	14
24	1 01 08	11 49 35	5 12	0 58	1 06	14
25	1 01 08	11 56 57	4 43	1 02	1 06	15
26	1 01 09	12 08 31	4 00	1 05	1 06	16
27	1 01 10	12 23 12	3 02	1 08	1 06	17
28	1 01 10	12 39 43	1 48	1 10	1 05	17
29	1 01 10	12 56 38	0 19	1 13	1 05	18
30	1 01 11	13 12 36	1 17	1 15	1 05	19
31	1 01 11	13 26 32	2 51	1 16	1 05	19

JANUARY

1 Mo	01 42	☽∥♃	G
	03 43	☽#♄	B
	08 59	☽△☉	G
	13 26	♀□♄	
	17 01	☽⚼♇	b
	21 57	☉∥♇	
2 Tu	03 09	☿Stat	
	03 09	☽△♅	G
	05 39	☽⚼♃	b
	08 54	☽□☿	B
	14 50	☽☍♆	B
	18 40	☽#♆	D
	22 13	☽□♂	B
	23 36	☽△♇	G
3 We	00 47	☽♎	
	09 33	☽⚼♅	b
	10 55	♀▽♃	
	12 15	☽⚹♀	G
	20 59	☽∥♆	D
	21 09	♂⊻♇	
4 Th	00 37	☉Q♆	
	03 30	☽□☉	B
	14 08	☽⚼♄	b
	14 58	♂♑	
	21 40	☽∠♀	b
	22 25	☽⚹☿	G
5 Fr	10 18	☽∥♄	B
	11 41	☽□♇	B
	12 39	☽♏	
	13 03	☽#♃	G
	14 03	☽⚹♂	G
	19 48	☽△♄	G
	23 35	☽☍♃	B
6 Sa	04 43	☽∠☿	b
	06 03	☽⊻♀	g
	08 15	☽⚼♆	b
	12 11	☽#♅	B
	14 14	☿⊥♇	
	19 12	☽⚹☉	G
	20 32	☽∠♂	b
7 Su	01 24	☽☍♅	B
	03 30	☽∥♀	G
	07 11	☽∥☿	G
	10 15	☽⊻☿	g
	12 21	☽△♆	G
	15 42	☽∥☉	G
	19 13	☽∥♇	D
	20 22	☽⚹♇	G
	21 08	☽♐	
8 Mo	01 10	☽∠☉	b
	01 47	☽⊻♂	g
	02 18	☽∥♂	B
	03 10	☉⊥♀	
	04 11	☽□♄	B
	10 53	♀±♃	
	18 44	☽☌♀	G
	23 08	☽∠♇	b
9 Tu	01 24	☿□♆	
	02 03	☿±♅	
	05 48	☽⊻☉	g
	09 45	☽⚼♃	b
	17 27	☽□♆	B
	18 25	☽☌☿	G
	20 38	☉∠♄	
10 We	00 07	☉△♅	
	00 57	☽⊻♇	g
	01 33	☽♑	
	02 40	♂⚹♄	
	06 29	♂⚼♅	
	08 29	☽⚹♄	G
	08 38	☽⚼♅	b
	08 46	☽☌♂	B
	11 14	☽△♃	G
	21 08	♀∠♇	
11 Th	02 27	☽⊻♀	g
	09 26	☽△♅	G
	09 28	☽∠♄	b
	11 57	☽☌☉	D
	19 20	☽⚹♆	G
	23 27	☽⊻☿	g
12 Fr	02 14	☉∥☿	
	02 33	☽☌♇	D
	03 01	☽♒	
	05 08	☽∠♀	b
	09 28	☽∥♂	B
	10 01	☽⊻♄	g
	10 42	♂△♃	
	12 29	☽□♃	B
	12 34	☽⊻♂	g
	15 36	☽∥♇	D
	19 39	☽∠♆	b
	21 13	☽∥☿	G
	22 36	☽∥☉	G
13 Sa	00 04	☽∥♀	G
	01 27	☽∠☿	b
	07 32	☽⚹♀	G
	09 59	☽□♅	B
	14 03	☽∠♂	b
	16 05	☽⊻☉	g
	18 38	☽#♅	B
	19 53	☽⊻♆	g
	21 08	☉∥♀	
	21 39	☿⊻♇	
14 Su	02 49	☿♑	
	03 07	☽⊻♇	g
	03 29	☽♓	
	03 32	☽⚹☿	G
	10 50	☽☌♄	B
	13 03	♀▽♅	
	13 08	☽⚹♃	G
	13 34	☽#♃	G
	15 40	☽⚹♂	G
	17 41	☽∥♄	B
	18 13	☽∠☉	b
15 Mo	03 38	☽∠♇	b
	10 46	☽⚹♅	G
	12 48	☽□♀	B
	13 49	☽∠♃	b
	20 47	☽⚹☉	G
	21 03	☽☌♆	D
	23 47	☽∥♆	D
16 Tu	00 38	☉⚹♆	
	01 25	♀⚼♃	
	04 33	☽⚹♇	G
	04 49	☽♈	
	09 05	☽□☿	B
	11 46	☽∠♅	b
	12 47	☽⊻♄	g
	14 59	☽⊻♃	g
	20 14	☽□♂	B
	20 53	☽#♆	D
17 We	13 14	♀Q♄	
	13 18	☽⊻♅	g
	14 33	☽∠♄	b
	16 57	☿⚼♅	
	20 22	☽△♀	G
18 Th	00 10	☽⊻♆	g
	03 45	☽#♄	B
	03 53	☽□☉	B
	08 03	☽□♇	B
	08 12	☽♉	
	08 49	☿⚹♄	
	09 02	☽∥♃	G
	10 02	♀⊥♇	
	16 57	☽⚹♄	G
	17 42	☽△☿	G
	19 05	☽☌♃	G
19 Fr	01 20	☽⚼♀	b
	02 37	☽∠♆	b
	03 26	☽△♂	G
	05 10	☽∥♅	B
	09 30	♀±♅	
	09 31	☿△♃	
	15 49	♀□♆	
	16 19	☉⊥♄	
	18 11	☽☌♅	B
	20 21	☽#☉	G
	23 18	☽⚼☿	b
20 Sa	05 40	☽⚹♆	G
	06 46	☽#♀	G
	08 05	☽⚼♂	b
	10 37	☽#☿	G
	11 00	☽#♇	D
	13 46	☉☌♇	
	13 56	☽△♇	G
	13 57	☽△☉	G
	13 58	☽♊	
	14 07	☉♒	
	15 50	☽#♂	B
	23 32	☽□♄	B
21 Su	00 50	♇♒	
	01 36	☽⊻♃	g
	08 04	☿∥♇	
	17 42	☽⚼♇	b
	20 02	☽⚼☉	b
22 Mo	01 19	☽⊻♅	g
	05 39	☽∠♃	b
	13 22	☽□♆	B
	15 07	♂Q♆	
	20 40	☽☍♀	B
	21 51	☽♋	
23 Tu	05 37	☽∠♅	b
	08 14	☽△♄	G
	08 50	♀♑	
	10 13	☽⚹♃	G
	10 21	♀⊻♇	
	20 53	☽☍☿	B
24 We	01 44	☽☍♂	B
	10 24	☽⚹♅	G
	13 19	☽⚼♄	b
	22 58	☽△♆	G
	23 03	☿Q♆	
25 Th	07 37	☽♌	
	07 53	☽☍♇	B
	17 54	☽☍☉	B
	20 21	☽#♂	B
	20 46	☽□♃	B
	22 33	☽#☿	G
	23 12	☽#♇	D
26 Fr	01 43	☽#♀	G
	04 28	☽⚼♆	b
	06 52	☉⊻♄	
	16 32	♀⚼♅	
	21 19	☽□♅	B
	21 52	☽⚼♀	b
27 Sa	00 23	☽#☉	G
	07 18	☉□♃	
	07 36	♅Stat	
	07 58	☽∥♅	B
	14 59	☿☌♂	
	19 11	☽♍	
28 Su	00 25	☽⚼♂	b
	01 01	☽⚼☿	b
	02 21	☿∥♇	
	05 31	☽∥♃	G
	06 03	♀⚹♄	
	07 20	☽☍♄	B
	07 28	☽△♀	G
	09 10	☽△♃	G
	14 59	☽#♄	B
	21 07	☿△♅	
29 Mo	01 02	♀△♃	
	02 04	☽⚼♇	b
	08 54	☽△♂	G
	09 51	☽△♅	G
	11 38	☽△☿	G
	15 52	☽⚼♃	b
	20 43	☽⚼☉	b
	23 20	☽☍♆	B
	23 41	♂△♅	
30 Tu	02 05	☽#♆	D
	08 04	☽♎	
	08 41	☽△♇	G
	08 59	☿∠♄	
	16 14	♂∥♇	
	16 24	☽⚼♅	b
	23 06	♄⊥♇	
31 We	02 14	☽∥♆	D
	03 34	☽□♀	B
	03 48	☉∠♆	
	06 07	☽△☉	G

FEBRUARY

1 Th	02 00	☽□♂	B
	03 33	☽⚼♄	b
	05 21	☿∥♀	
	07 46	☉#♅	
	09 03	☽□☿	B
	12 14	☽∥♄	B
	20 37	☽♏	
	21 22	☽□♇	B
	23 02	☽#♃	G
2 Fr	06 15	♂∠♄	
	09 39	☽△♄	G
	10 55	☿⚹♆	
	11 17	☽☍♃	B
	17 11	☽∥☉	G
	17 54	☽⚼♆	b
	19 11	☽#♅	B
	22 09	☽⚹♀	G
	23 18	☽□☉	B
3 Sa	09 55	☽☍♅	B
	14 24	♀Q♆	
	16 42	☽⚹♂	G
	20 21	☽∥☿	G
	22 13	☽∥♀	G
	22 42	☽△♆	G
	23 12	☽∥♂	B
4 Su	02 00	☽∥♇	D
	03 24	☽⚹☿	G
	05 47	☽∠♀	b
	06 28	☽♐	
	07 19	☽⚹♇	G
	19 10	☽□♄	B
	22 21	☽∠♂	b
5 Mo	05 10	☿♒	
	09 03	☉⊻♀	
	10 27	☽∠☿	b
	10 44	☽∠♇	b
	11 55	☽⚹☉	G
	11 58	☽⊻♀	g
	12 58	☿☌♇	
	20 49	☿⊥♄	
	23 42	☽⚼♃	b
6 Tu	02 40	☽⊻♂	g
	05 06	☽□♆	B
	12 09	☽♑	
	13 03	☽⊻♇	g
	15 59	☽⊻☿	g
	16 11	☽∠☉	b
	19 13	☽⚼♅	b
7 We	00 18	☽⚹♄	G
	00 22	♄Q♅	
	01 41	☽△♃	G
	19 14	☽⊻☉	g
	20 12	☽☌♀	G
	20 19	☽△♅	G
	21 25	♀△♅	
8 Th	00 20	♂⚹♆	
	01 25	☽∠♄	b
	07 30	☽⚹♆	G
	07 52	☽☌♂	B
	10 46	☉□♅	
	13 59	☽♒	
	14 57	☽☌♇	D
	23 25	☽☌☿	G
9 Fr	01 51	☽⊻♄	g
	03 10	☽□♃	B
	03 17	☽∥♇	D
	07 21	☉⊥♆	
	07 39	☽∠♆	b
	09 07	☽∥♂	B
	09 26	☽∥♀	G
	15 44	☽∥☿	G
	20 35	☽□♅	B
	22 59	☽☌☉	D
	23 59	☿⊻♄	
10 Sa	00 44	☽⊻♀	g
	04 44	☽#♅	B
	07 29	☽⊻♆	g
	10 17	☽⊻♂	g
	13 25	☿□♃	
	13 42	☽♓	
	14 45	☽⊻♇	g
	15 53	♀∠♄	
	15 58	☽∥☉	G
	19 41	☽#♃	G
11 Su	01 45	☽☌♄	B
	02 32	☽∠♀	b
	03 04	☽⚹♃	G
	04 34	☽⊻☿	g
	07 10	☽∥♄	B
	11 16	☽∠♂	b
	14 32	☽∠♇	b
	20 07	☽⚹♅	G
12 Mo	01 55	☽⊻☉	g
	03 08	☽∠♃	b
	04 31	☽⚹♀	G
	05 59	☿∠♆	
	07 11	☽☌♆	D
	07 20	☽∠☿	b
	09 03	☽∥♆	D
	12 31	☽⚹♂	G

Day	Time	Aspect	
	13 26	☽♈	
	14 35	☽⚹♇	G
	20 14	☽∠♅	b
13	02 11	☽⚺♄	g
Tu	03 07	☽#♆	D
	03 36	☽⚺♃	g
	03 56	☽∠☉	b
	06 05	♂♒	
	07 53	☉#♃	
	10 44	☽⚹☿	G
	13 36	♀⚹♆	
	20 55	☽⚺♅	g
14	03 12	☽∠♄	b
We	05 30	☽#♄	B
	06 06	♂☌♇	
	06 40	☽⚹☉	G
	08 35	☽⚺♆	g
	10 20	☽□♀	B
	15 02	☽♉	
	16 22	☽□♇	B
	16 51	☽#☉	G
	16 56	☽□♂	B
	18 59	☽∥♃	G
15	04 57	☽⚹♄	G
Th	06 31	☽☌♃	G
	10 21	☽∠♆	b
	10 28	☉⚺♆	
	10 34	☽∥♅	B
	13 07	☽#☿	G
	20 36	☽□☿	B
16	00 27	☽☌♅	B
Fr	01 32	☽#♀	G
	02 36	☽#♂	B
	03 40	♂⊥♄	
	09 04	☉Q♃	
	12 55	☽⚹♆	G
	14 24	☽#♇	D
	15 01	☽□☉	B
	16 05	♀♒	
	16 20	☿#♅	
	19 39	☽♊	
	20 01	☽△♀	G
	21 11	☽△♇	G
17	00 56	☽△♂	G
Sa	03 53	☿□♅	
	08 48	♀☌♇	
	10 57	☽□♄	B
	12 42	☽⚺♃	g
	18 20	☿⊥♆	
18	00 49	☽⚼♇	b
Su	02 28	☽⚼♀	b
	06 22	☽⚼♂	b
	07 12	☽⚺♅	g
	11 22	☽△☿	G
	17 00	☽∠♃	b
	17 21	♀⊥♄	
	20 28	☽□♆	B
19	03 21	☽△☉	G
Mo	03 25	☽♋	
	04 13	☉♓	
	11 41	☽∠♅	b
	20 02	☽△♄	G
	20 28	☽⚼☿	b
	22 00	☽⚹♃	G
20	02 38	☉⚺♇	
Tu	10 47	☽⚼☉	b
	16 45	☽⚹♅	G
21	01 31	☽⚼♄	b
We	06 38	☽△♆	G

Day	Time	Aspect	
	07 10	☿⚺♆	
	13 40	☽♌	
	15 37	☽☍♇	B
22	03 02	☽☍♀	B
Th	03 13	☽☍♂	B
	05 09	☿Q♃	
	06 39	☽#♇	D
	07 14	♀☌♂	
	09 39	☽□♃	B
	11 26	☿#♃	
	12 26	☽⚼♆	b
23	02 52	☽#♂	B
Fr	04 18	☽□♅	B
	06 49	☽#♀	G
	07 29	☿♓	
	13 49	☽∥♅	B
	21 31	☿⚺♇	
24	01 37	☽♍	
Sa	02 26	♀⚺♄	
	04 52	☽☍☿	B
	06 02	☽∥♃	G
	07 41	☉∥♄	
	12 30	☽☍☉	B
	12 56	☽#☿	G
	20 24	☽☍♄	B
	22 49	☽△♃	G
25	02 39	☽#♄	B
Su	03 53	☽#☉	G
	04 01	♀□♃	
	09 20	♂⚺♄	
	10 13	☽⚼♇	b
	17 04	☽△♅	G
26	01 03	♀∠♆	
Mo	04 14	☽⚼♂	b
	05 43	☽⚼♃	b
	05 49	☉⊥♇	
	07 35	☽☍♆	B
	08 20	☽⚼♀	b
	09 35	☽#♆	D
	14 29	☽♎	
	14 42	☉Q♅	
	16 47	☽△♇	G
	23 38	☽⚼♅	b
27	05 34	☿⊥♇	
Tu	06 30	☽∥♆	D
	08 30	♂□♃	
	10 19	☿Q♅	
	12 51	☽△♂	G
	15 10	♀#♅	
	18 22	☽△♀	G
28	06 56	☽∥☉	G
We	08 43	☉☌☿	
	09 42	♂∠♆	
	12 36	☽∥♄	B
	13 34	☽∥☿	G
	15 07	☿☌♄	
	16 14	☽⚼☉	b
	16 38	☽⚼♄	b
	16 53	☽⚼☿	b
	20 50	☿∥♄	
	21 25	☉☌♄	
29	03 09	☽♏	
Th	05 33	☽□♇	B
	09 53	☿⚹♃	
	10 55	☽#♃	G
	21 52	☽∥♀	G
	22 52	☽△♄	G

MARCH

Day	Time	Aspect	
1	00 53	☽△☉	G
Fr	01 40	☽☍♃	B
	01 41	☽#♅	B
	02 29	☽⚼♆	b
	04 18	☽△☿	G
	04 31	☽∥♂	B
	05 08	☽□♂	B
	12 15	☉⚹♃	
	12 41	☿⚺♂	
	13 09	☽□♀	B
	17 53	☽☍♅	B
2	07 16	☽∥♇	D
Sa	07 47	☽△♆	G
	13 56	☽♐	
	16 20	☽⚹♇	G
3	01 43	☿∠♇	
Su	07 42	☉∥☿	
	09 12	☽□♄	B
	13 17	♀□♅	
	15 23	☽□☉	B
	15 39	♂#♅	
	18 11	☽⚹♂	G
	20 28	☽∠♇	b
	23 39	☽□☿	B
4	02 57	♃∠♆	
Mo	04 01	☽⚹♀	G
	12 53	♀⊥♆	
	15 41	☽□♆	B
	15 49	☽⚼♃	b
	20 24	☿⚹♅	
	21 15	☽♑	
	23 00	☽∠♂	b
	23 35	☽⚺♇	g
5	05 34	☽⚼♅	b
Tu	09 28	☽∠♀	b
	15 38	☽⚹♄	G
	18 30	☽△♃	G
6	01 01	☽⚹☉	G
We	02 37	☽⚺♂	g
	07 28	☽△♅	G
	08 36	♀#♃	
	10 52	☉∠♇	
	12 55	☽⚹☿	G
	13 37	☽⚺♀	g
	17 21	☽∠♄	b
	17 58	☿⊥♂	
	19 35	☽⚹♆	G
7	00 38	☽♒	
Th	02 00	☿⚺♀	
	02 54	☽☌♇	D
	04 04	☽∠☉	b
	15 18	☽∥♇	D
	17 29	☽∠☿	b
	18 14	☽⚺♄	g
	20 16	☽∠♆	b
	21 08	☽□♃	B
8	04 23	☿∥♆	
Fr	06 12	☽⚺☉	g
	06 51	☽☌♂	B
	08 50	☽□♅	B
	15 06	☿☌♆	
	15 26	☽#♅	B
	18 56	☽☌♀	G
	20 21	☽⚺♆	g
	20 24	☽∥♂	B
	21 07	☽⚺☿	g
	23 55	☿∠♃	

Day	Time	Aspect	
9	01 03	☽♓	
Sa	01 41	☽#♃	G
	03 18	☽⚺♇	g
	06 27	☽∥♀	G
	12 49	♀⚺♆	
	18 23	☽☌♄	B
	21 24	☽⚹♃	G
	22 46	☽∥♄	B
	22 55	♂□♅	
	23 01	☉⚹♅	
	23 20	☉⚺♂	
10	02 58	☽∠♇	b
Su	04 03	☿♈	
	08 22	☽⚹♅	G
	08 51	☽⚺♂	g
	09 00	☽☌☉	D
	16 18	☽∥☉	G
	19 45	☽☌♆	D
	21 09	☽∥♆	D
	21 18	☽∠♃	b
	22 21	☿⚹♇	
	22 25	☽⚺♀	g
11	00 19	☽♈	
Mo	02 38	☽⚹♇	G
	03 15	☽☌☿	G
	03 16	☽#☿	G
	06 23	☽∥☿	G
	08 06	☽∠♅	b
	09 48	☽∠♂	b
	12 06	☽#♆	D
	14 15	♂⊥♆	
	15 44	☽#☉	G
	18 07	☽⚺♄	g
	21 24	☽⚺♃	g
	21 50	♀♓	
12	00 22	☽∠♀	b
Tu	08 07	☽⚺♅	g
	10 29	☽#♄	B
	11 08	☽⚹♂	G
	12 06	☽⚺☉	g
	18 30	☽∠♄	b
	18 43	☿∠♅	
	19 52	☽⚺♆	g
	22 09	☽#♀	G
13	00 28	☽♉	
We	02 38	☿#♆	
	02 56	☽⚹♀	G
	02 57	☽□♇	B
	03 11	♀⚺♇	
	03 11	♀Q♃	
	09 33	♂#♃	
	09 42	☽#♂	B
	09 42	☽∥♃	G
	10 43	☽⚺☿	g
	12 35	☉#☿	
	14 32	☽∠☉	b
	19 30	☽⚹♄	G
	19 36	☽∥♅	B
	20 46	☽∠♆	b
	23 13	☽☌♃	G
14	06 42	☿⊥♃	
Th	10 00	☽☌♅	B
	12 55	☉∥♆	
	15 50	☽∠☿	b
	16 01	☽□♂	B
	17 56	☽⚹☉	G
	18 05	☿∠♂	
	20 43	☽#♇	D
	22 29	☽⚹♆	G

Day	Time	Aspect	
15	03 16	☽♊	
Fr	06 00	☽△♇	G
	10 59	☽□♀	B
	22 11	☽⚹☿	G
16	00 06	☽□♄	B
Sa	04 22	☽⚺♃	g
	08 52	☽⚼♇	b
	12 52	☿⊥♀	
	13 57	☿⚺♄	
	15 19	☽⚺♅	g
17	01 02	☽△♂	G
Su	04 11	☽□☉	B
	04 43	☽□♆	B
	08 25	☽∠♃	b
	09 40	☽♋	
	11 22	☉☌♆	
	15 51	☿Q♇	
	19 24	☽∠♅	b
	23 55	☽△♀	G
18	00 02	☿⊥♅	
Mo	01 36	♀⊥♇	
	05 02	☿⚺♃	
	07 13	☽⚼♂	b
	08 29	☽△♄	G
	12 37	♀Q♅	
	13 24	☽⚹♃	G
	14 29	☽□☿	B
19	00 20	☽⚹♅	G
Tu	08 07	☽⚼♀	b
	13 57	☽⚼♄	b
	14 30	☽△♆	G
	16 56	♂⚺♆	
	18 52	☽△☉	G
	19 33	☽♌	
	22 49	☽☍♇	B
	23 39	☉∠♃	
20	03 06	☉♈	
We	11 43	☿#♄	
	13 42	☽#♇	D
	17 29	☿⊥♄	
	17 58	☿#♀	
	20 24	☽⚼♆	b
21	01 35	☽□♃	B
Th	03 27	☽⚼☉	b
	05 50	♀∥♄	
	09 57	☽△☿	G
	12 07	☽□♅	B
	18 49	☽∥♅	B
	20 03	☉⚹♇	
	23 09	♀☌♄	
22	04 41	☽∥♃	G
Fr	06 27	☿⚺♅	
	06 34	☽☍♂	B
	07 42	☽♍	
	18 57	☽#♂	B
	19 56	☽⚼☿	b
	23 47	♂♓	
23	05 29	☽∥☿	G
Sa	09 17	☽☍♄	B
	12 54	☽☍♀	B
	14 21	☽#♄	B
	15 22	☽△♃	G
	17 40	☽⚼♇	b
	19 01	☽#♀	G
24	01 10	☽△♅	G
Su	15 49	☽☍♆	B
	16 37	♀⚹♃	
	17 26	☽#♆	D
	18 24	☽∥☉	G

Date	Time	Aspect	
	20 37	☽♎	
	22 23	☽⚼♃	b
25 Mo	00 11	☽△♇	G
	05 58	♂⊻♇	
	07 00	☽☍☉	B
	07 44	☽⚼♅	b
	07 54	☉#♆	
	10 47	☽∥♆	D
	10 57	♀∠♇	
	11 00	☽#☉	G
	16 01	☉∠♅	
	21 51	☿#♂	
26 Tu	04 17	☽∥♀	G
	08 13	☽⚼♂	b
	13 07	☽∥♄	B
	23 09	☽☍☿	B
27 We	03 20	☽∥♂	B
	05 10	☽⚼♄	b
	07 34	☽#☿	G
	09 03	☽♏	
	12 37	☽□♇	B
	16 18	☽△♂	G
	17 27	☿⊥♀	
	18 12	☽⚼♀	b
28 Th	00 23	☽#♃	G
	08 37	☽#♅	B
	10 21	☽⚼♆	b
	11 11	☽△♄	G
	13 58	♀✱♅	
	17 59	☽☍♃	B
29 Fr	01 39	♂Q♃	
	01 46	☽☍♅	B
	03 02	☽△♀	G
	08 33	☽⚼☉	b
	12 17	☽∥♇	D
	15 40	☽△♆	G
	19 52	☽♐	
	23 23	☽✱♇	G
30 Sa	06 43	☽□♂	B
	13 19	☉#♀	
	15 44	☽△☉	G
	18 36	☽⚼☿	b
	21 29	☽□♄	B
31 Su	03 49	☽∠♇	b
	11 36	☉⊥♃	
	18 06	☽□♀	B
	22 54	☽△☿	G
APRIL			
1 Mo	00 16	☽□♆	B
	04 05	☽♑	
	07 29	☽⊻♇	g
	08 30	☽⚼♃	b
	14 37	☽⚼♅	b
	17 49	☽✱♂	G
	22 15	☿ Stat	
2 Tu	02 53	♂⊥♇	
	03 15	☽□☉	B
	04 46	☽✱♄	G
	11 44	☽△♃	G
	17 20	☽△♅	G
	20 58	☿⊻♀	
	21 55	☽∠♂	b
3 We	02 42	☉⊻♄	
	04 11	☽□☿	B
	04 11	☉Q♇	
	04 58	☽✱♀	G
	05 40	☽✱♆	G
	07 10	☽∠♄	b
	09 08	☽♒	
	10 22	♂Q♅	
	12 23	☽☌♇	D
	13 10	♀☌♆	
4 Th	00 53	☽∥♇	D
	01 04	☽⊻♂	g
	01 27	♀∥♆	
	05 39	☉⊥♅	
	07 12	☽∠♆	b
	08 47	☽⊻♄	g
	08 51	☽∠♀	b
	10 45	☽✱☉	G
	15 43	☽□♃	B
	20 24	☽□♅	B
5 Fr	00 07	☽#♅	B
	04 00	♀♈	
	05 19	☽#♃	G
	05 40	☽✱☿	G
	08 03	☽⊻♆	g
	11 13	☽♓	
	11 52	☽⊻♀	g
	13 14	☽∠☉	b
	14 21	☽⊻♇	g
	18 21	☽#☿	G
6 Sa	05 08	☽☌♂	B
	05 21	☽∠☿	b
	07 47	☿∠♂	
	10 10	☽☌♄	B
	11 09	☽∥♂	B
	13 40	☽∥♄	B
	14 34	☽∠♇	b
	15 08	☽⊻☉	g
	16 54	☽#☉	G
	17 13	☽✱♃	G
	17 46	♀✱♇	
	21 11	☽✱♅	G
7 Su	01 39	☉⊥♂	
	04 36	☽⊻☿	g
	08 27	☽☌♆	D
	09 35	☽∥♆	D
	11 25	☽♈	
	14 31	☽✱♇	G
	15 14	☽∥♀	G
	16 14	☽#♀	G
	16 22	☽☌♀	G
	17 29	☽∠♃	b
	21 10	☽∠♅	b
	21 55	☽#♆	D
8 Mo	07 11	☉⊻♃	
	07 39	☽⊻♂	g
	08 54	♀∠♃	
	10 23	☽⊻♄	g
	17 10	☽∥☉	G
	17 31	☽#♄	B
	17 46	☽⊻♃	g
	17 59	☽#♂	B
	18 21	☽☌☉	D
	21 12	☽⊻♅	g
	23 03	☉#♄	
9 Tu	02 06	☉#♂	
	02 39	☽☌☿	G
	06 57	♂∥♄	
	08 30	☽⊻♆	g
	08 48	☽∥☿	G
	09 00	☽∠♂	b
	10 37	☽∠♄	b
	11 23	☽♉	
	14 35	☽□♇	B
	20 48	☽⊻♀	g
	23 16	☉⊥♄	
10 We	03 16	☽∥♃	G
	05 21	♀∠♅	
	07 30	☽∥♅	B
	08 59	☽∠♆	b
	10 49	☽✱♂	G
	11 16	☽✱♄	G
	16 00	☉⊻♅	
	19 19	☽☌♃	G
	20 36	♂☌♄	
	22 18	☽☌♅	B
	22 44	☽⊻☉	g
	23 49	☽∠♀	b
11 Th	01 31	☽⊻☿	g
	06 19	☽#♇	D
	10 04	☽✱♆	G
	12 58	☽♊	
	15 19	♀#♆	
	16 23	☽△♇	G
	23 03	☉☌☿	
12 Fr	01 45	☽∠☿	b
	02 06	☽∠☉	b
	03 47	☽✱♀	G
	14 39	☽□♄	B
	14 47	☿⊥♂	
	16 51	☽□♂	B
	18 26	☽⚼♇	b
	23 43	☽⊻♃	g
13 Sa	02 13	☽⊻♅	g
	02 43	☽✱☿	G
	06 35	☽✱☉	G
	10 47	☿⊻♅	
	14 46	☽□♆	B
	17 45	☽♋	
	20 55	♂∠♇	
	23 51	☿⊥♄	
14 Su	03 23	☽∠♃	b
	05 37	☽∠♅	b
	07 56	☉∥☿	
	15 23	☽□♀	B
	19 38	☿⊻♃	
	21 48	☽△♄	G
15 Mo	03 17	☽△♂	G
	07 12	☽□☿	B
	08 05	☽✱♃	G
	10 00	☽✱♅	G
	19 13	☽□☉	B
	23 22	☽△♆	G
16 Tu	02 24	☽♌	
	02 50	☽⚼♄	b
	06 23	☽☍♇	B
	10 14	☽⚼♂	b
	12 53	♀Q♇	
	14 46	☿⊻♂	
	20 31	☽#♇	D
17 We	04 59	☽⚼♆	b
	06 42	♀⊥♃	
	08 03	☽△♀	G
	14 53	♀⊻♄	
	15 01	☽△☿	G
	20 11	☽□♃	B
	20 12	♀⊥♅	
	21 20	☽□♅	B
	23 30	☽∥♅	B
18 Th	01 31	☉⊻♆	
	02 46	☽∥♃	G
	04 02	♀#♂	
	12 02	☽△☉	G
	14 10	☽♍	
	17 44	☽⚼♀	b
	19 54	☽⚼☿	b
19 Fr	00 19	☿#♄	
	07 16	☽∥☉	G
	08 59	☿☌♀	
	14 00	☉♉	
	15 28	♂✱♃	
	21 15	☽⚼☉	b
	21 53	☽☍♄	B
	23 56	♂✱♅	
20 Sa	00 51	☽⚼♇	b
	01 41	☽#♄	B
	03 42	☽∥☿	G
	05 40	☉∠♄	
	07 05	☽∥♀	G
	10 14	☽△♃	G
	10 28	☽△♅	G
	11 09	☽☍♂	B
	14 41	☽#♂	B
21 Su	00 19	☽☍♆	B
	01 35	☽#♆	D
	02 27	♃☌♅	
	02 43	☿∥♀	
	03 08	☽♎	
	07 20	☽△♇	G
	15 43	☽∥♆	D
	17 02	☉□♇	
	17 02	☽⚼♅	b
	17 15	☽⚼♃	b
22 Mo	00 44	☽∥♂	B
	09 44	☽#☿	G
	12 10	☽☍☿	B
	14 48	☽#♀	G
	15 00	☽∥♄	B
	17 03	♀#♄	
	21 43	♀⊥♄	
	22 25	♀⊻♅	
	23 06	☿⊥♃	
	23 24	☽☍♀	B
23 Tu	06 04	♀⊻♃	
	15 20	☽♏	
	16 01	☽#☉	G
	17 15	☽⚼♄	b
	19 27	☽□♇	B
	23 49	☽☍☉	B
24 We	09 14	☿⊻♄	
	10 18	☉⊥♆	
	11 28	☽⚼♂	b
	13 10	☿⊥♅	
	15 02	☽#♃	G
	16 42	☽#♅	B
	18 17	☽⚼♆	b
	22 52	☽△♄	G
25 Th	10 26	☽☍♅	B
	11 55	☽☍♃	B
	12 54	☿ Stat	
	18 22	☽∥♇	D
	18 25	☽△♂	G
	23 17	☽△♆	G
26 Fr	01 37	☽♐	
	03 31	☽⚼☿	b
	05 36	☽✱♇	G
27 Sa	00 13	☽⚼♀	b
	07 59	☽△☿	G
	08 21	☽□♄	B
	09 49	☽∠♇	b
	12 36	♀⊻♂	
	20 54	☽⚼☉	b
	21 42	☿⊥♅	
28 Su	06 15	☽□♂	B
	06 56	☽△♀	G
	07 31	☽□♆	B
	09 37	☽♑	
	13 13	♀⊻♆	
	13 27	☽⊻♇	g
	22 49	☿⊻♄	
	22 51	☽⚼♅	b
29 Mo	01 23	☽⚼♃	b
	02 28	☽△☉	G
	04 31	♂☌♆	
	07 04	♂∥♆	
	11 31	♀♉	
	15 28	☽✱♄	G
	15 45	☽□☿	B
30 Tu	01 49	☽△♅	G
	04 39	☽△♃	G
	13 25	☽✱♆	G
	15 19	☽✱♂	G
	15 20	☽♒	
	15 33	♂♈	
	18 04	☽□♀	B
	18 09	☽∠♄	b
	19 00	☽☌♇	D
	19 04	♀∠♄	
MAY			
1 We	04 30	♀□♇	
	06 58	☽∥♇	D
	11 27	☽□☉	B
	15 32	☽∠♆	b
	18 51	☽∠♂	b
	20 17	☽⊻♄	g
	21 48	☽✱☿	G
	22 50	♃∥♅	
2 Th	05 22	☽#♃	G
	05 25	☽#♅	B
	06 06	☽□♅	B
	09 28	☽□♃	B
	16 01	☽#☉	G
	17 08	☽⊻♆	g
	17 43	♇ Stat	
	18 52	☽♓	
	21 48	☽⊻♂	g
	22 24	☽⊻♇	g
3 Fr	00 13	☽∠☿	b
	02 21	☽✱♀	G
	06 34	☽#♀	G
	09 06	♂✱♇	
	13 01	♀⊥♆	
	17 55	☽✱☉	G
	23 04	☽☌♄	B
	23 26	☽∠♇	b
	23 51	☉∠♆	
4 Sa	01 32	☽∥♄	B
	02 18	☽⊻☿	g
	02 52	☿⊥♃	
	05 38	☽∠♀	b
	08 15	☽#☿	G
	08 29	☽✱♅	G
	12 22	☽✱♃	G
	19 06	☽☌♆	D
	19 52	☽∥♆	D
	20 26	☽∠☉	b
	20 41	☽♈	
5 Su	00 08	☽✱♇	G
	00 26	☽#♂	B
	01 44	☽∥♂	B
	02 17	☽☌♂	B

	06 13	☽#♆	D
	08 32	☽⊻♀	g
	09 11	☽∠♅	b
	13 21	☽∠♃	b
	18 38	☽∥☿	G
	22 42	☽⊻☉	g
6 Mo	00 12	☽#♄	B
	00 35	☽⊻♄	g
	05 57	☽☌☿	G
	09 46	☽⊻♅	g
	11 50	♄∠♇	
	14 14	☽⊻♃	g
	20 14	☽⊻♆	g
	21 42	☽♉	
7 Tu	01 01	☽∥♀	G
	01 08	☽□♇	B
	01 13	☽∠♄	b
	05 42	☉⚹♄	
	06 01	☽⊻♂	g
	14 05	☽☌♀	G
	14 52	☽∥☉	G
	19 45	☽∥♅	B
	20 52	☽∥♃	G
	20 54	☽∠♆	b
8 We	02 02	☽⚹♄	G
	03 22	☽☌☉	D
	08 09	☽∠♂	b
	10 14	☽⊻☿	g
	11 19	☽☌♅	B
	16 30	☽☌♃	G
	17 14	☽#♇	D
	21 55	☽⚹♆	G
	23 20	☽♊	
9 Th	02 52	☽△♇	G
	04 17	☿⊻♅	
	05 31	♂#♆	
	10 47	☽⚹♂	G
	13 15	☽∠☿	b
	16 50	☿⊥♄	
	21 08	☽⊻♀	g
10 Fr	04 31	☽⚼♇	b
	05 03	☽□♄	B
	10 00	☽⊻☉	g
	11 56	♀⊥♂	
	14 44	☽⊻♅	g
	17 13	☽⚹☿	G
	20 54	☽⊻♃	g
11 Sa	00 20	☿#♄	
	00 22	♂∠♅	
	00 27	♀∠♆	
	01 49	☽□♆	B
	01 57	☽∠♀	b
	03 13	☽♋	
	14 42	☽∠☉	b
	17 38	☽∠♅	b
	18 36	☽□♂	B
12 Su	00 23	☽∠♃	b
	06 44	☉∥♅	
	07 57	☽⚹♀	G
	11 10	☽△♄	G
	20 34	☽⚹☉	G
	21 29	☽⚹♅	G
13 Mo	04 00	☿⊻♃	
	04 52	☽⚹♃	G
	04 56	☽□☿	B
	09 13	☽△♆	G
	09 13	☉☌♅	
	10 36	☽♌	
	14 35	☽☍♇	B
	15 41	☽⚼♄	b
	19 45	♀⚹♄	
14 Tu	03 15	☽#♇	D
	06 49	☽△♂	G
	14 19	☽⚼♆	b
	14 47	☉∥♃	
	23 47	☽□♀	B
15 We	01 01	☽∥☉	G
	01 26	☽∥♃	G
	03 45	☿⊻♆	
	04 21	☽∥♅	B
	07 58	☽□♅	B
	11 46	☽∥♀	G
	11 48	☽□☉	B
	14 28	☽⚼♂	b
	16 41	☽□♃	B
	17 05	☿♉	
	21 33	☽♍	
	22 04	☽△☿	G
17 Fr	00 10	☽∥☿	G
	07 44	☿□♇	
	08 03	☽⚼♇	b
	08 06	☽⚼☿	b
	09 48	☽☍♄	B
	12 03	☽#♄	B
	16 00	♂∠♃	
	19 15	☽△♀	G
	20 53	☽△♅	G
	22 10	☽∥♂	B
18 Sa	00 00	☿∠♄	
	05 53	☽△☉	G
	06 42	☽△♃	G
	09 09	☽☍♆	B
	09 43	☽#♆	D
	10 23	☽♎	
	11 40	♀☌♅	
	14 32	☽△♇	G
	18 45	☉☌♃	
	21 25	☽∥♆	D
	23 32	♂Q♇	
19 Su	03 28	☽⚼♅	b
	05 13	☽⚼♀	b
	10 52	☽#♂	B
	13 40	☽⚼♃	b
	14 55	☽⚼☉	b
	15 48	☽☍♂	B
	18 42	☽∥♄	B
	19 12	☿⊥♆	
	20 08	♀∥♅	
	22 45	☉⚹♆	
20 Mo	12 59	☉♊	
	14 49	☽#☿	G
	16 07	☉Q♄	
	22 34	☽♏	
21 Tu	02 34	☽□♇	B
	04 47	☽⚼♄	b
	14 18	☽☍☿	B
	16 00	☉∠♂	
22 We	01 50	☽#♅	B
	02 49	☽⚼♆	b
	05 39	☽#♀	G
	06 10	☽#♃	G
	10 03	☽△♄	G
	13 10	☽#☉	G
	14 45	♀∥♃	
	15 14	☉△♇	
	20 24	☽☍♅	B
23 Th	01 58	☽∥♇	D
	07 07	☽☍♀	B
	07 13	☽☍♃	B
	07 28	☽△♆	G
	08 24	☽♐	
	08 29	♀☌♃	
	10 50	♀⚹♆	
	12 10	☽⚹♇	G
	13 07	☽⚼♂	b
	13 53	☽☍☉	B
	19 28	♂⊥♅	
	20 30	♀♊	
	21 44	♃⚹♆	
24 Fr	03 02	♀Q♄	
	15 58	☽∠♇	b
	16 23	♂⊻♄	
	18 29	☽□♄	B
	18 36	☽△♂	G
25 Sa	07 57	♂#♄	
	11 16	♀△♇	
	14 16	☽⚼☿	b
	14 47	☽□♆	B
	15 36	☽♑	
	18 31	☿∠♆	
	19 10	☽⊻♇	g
	23 15	♃♊	
26 Su	07 27	☽⚼♅	b
	18 43	☽⚼♃	b
	20 49	☽△☿	G
27 Mo	00 33	☽⚹♄	G
	01 20	☽⚼♀	b
	03 37	☽□♂	B
	05 44	☽⚼☉	b
	10 05	☽△♅	G
	20 02	☽⚹♆	G
	20 45	☽♒	
	21 32	☽△♃	G
28 Tu	00 10	☽☌♇	D
	02 56	☽∠♄	b
	03 22	☿⚹♄	
	06 10	☽△♀	G
	09 22	♃Q♄	
	09 54	☽△☉	G
	10 50	☽∥♇	D
	17 08	☽#☉	G
	20 19	☽#♀	G
	22 06	☽∠♆	b
29 We	03 20	☽#♃	G
	05 00	☽⊻♄	g
	08 24	☽#♅	B
	08 36	☽□☿	B
	10 46	☽⚹♂	G
	14 20	☽□♅	B
	15 05	♀∠♂	
	17 53	☽#☿	G
	23 55	☽⊻♆	g
30 Th	00 33	☽♓	
	02 12	☽□♃	B
	03 51	☽⊻♇	g
	11 54	☿⊻♂	
	13 53	☽∠♂	b
	14 43	☽□♀	B
	17 13	☽□☉	B
31 Fr	03 06	☽#♂	B
	05 21	☽∠♇	b
	05 54	☿☌♅	
	08 24	☽☌♄	B
	09 31	☽∥♄	B
	16 45	☽⊻♂	g
	17 36	☽⚹♅	G
	19 19	☽⚹☿	G
JUNE			
1 Sa	02 55	☽☌♆	D
	02 58	☽∥♆	D
	03 28	☽♈	
	05 57	☽⚹♃	G
	06 41	☽⚹♇	G
	10 07	♂⊻♅	
	12 01	☽#♆	D
	16 56	☉Q♆	
	19 00	☽∠♅	b
	22 15	☽⚹♀	G
	23 35	☽⚹☉	G
2 Su	00 29	☽∠☿	b
	05 17	☽#♄	B
	05 31	♂⊥♄	
	07 37	☽∠♃	b
	08 30	☿∥♅	
	08 43	♀Q♆	
	11 08	☽⊻♄	g
	14 16	☽∥♂	B
	20 18	☽⊻♅	g
	22 04	☽☌♂	B
3 Mo	00 13	♃△♇	
	01 50	☽∠♀	b
	02 36	☽∠☉	b
	03 57	☿⚹♆	
	05 25	☽⊻♆	g
	05 39	☽⊻☿	g
	05 55	☽♉	
	07 37	☿♊	
	09 05	☽□♇	B
	09 14	☽⊻♃	g
	12 24	☽∠♄	b
	18 11	☿Q♄	
	23 22	♂⊥♃	
4 Tu	05 27	☽⊻♀	g
	05 39	☽⊻☉	g
	06 05	☽∥♅	B
	06 12	☿△♇	
	06 42	☽∠♆	b
	10 23	☿☌♃	
	11 45	☽∥☿	G
	12 08	☽∥♃	G
	13 46	☽⚹♄	G
	14 53	☿⊥♂	
	15 29	☿∥♃	
	15 33	☉☌♀	
	23 04	☽☌♅	B
5 We	01 44	☽∥♀	G
	01 54	☽∥☉	G
	03 04	☽#♇	D
	03 28	☽⊻♂	g
	08 09	☽⚹♆	G
	08 36	☽♊	
	11 45	☽△♇	G
	12 01	☉∥♀	
	12 49	☽☌♃	G
	16 46	☽☌☿	G
6 Th	06 37	☽∠♂	b
	12 38	☽☌☉	D
	12 38	♀#♇	
	13 11	♀⚼♇	
	13 34	☽⚼♇	b
	13 36	☽☌♀	G
	17 19	☽□♄	B
7 Fr	01 56	☉⚼♇	
	02 59	☽⊻♅	g
	06 29	☉#♇	
	10 22	☽⚹♂	G
	12 16	☽□♆	B
	12 41	☽♋	
	18 00	☽⊻♃	g
8 Sa	05 49	☽∠♅	b
	06 55	☽⊻☿	g
	08 25	♀□♄	
	21 33	♂⊻♆	
	21 38	☽∠♃	b
	22 15	☽⊻☉	g
	23 08	☽△♄	G
9 Su	00 37	☽⊻♀	g
	00 59	☿Q♆	
	04 35	♂♉	
	09 26	☽⚹♅	G
	10 36	☉□♄	
	15 57	☽∠☿	b
	19 05	☽△♆	G
	19 29	☽♌	
	20 24	☽□♂	B
	22 50	☽☍♇	B
10 Mo	02 09	☽⚹♃	G
	03 15	☽⚼♄	b
	04 34	☽∠☉	b
	06 35	☽∥♀	G
	07 45	☽∠♀	b
	08 21	☽∥☉	G
	09 52	☽#♇	D
	09 55	☽∥☿	G
	10 22	☿#♇	
	23 47	☽⚼♆	b
11 Tu	01 28	☽∥♃	G
	02 34	☽⚹☿	G
	03 31	☉∥☿	
	05 32	☿∠♂	
	08 14	☿⚼♇	
	09 38	☽∥♅	B
	11 58	☽⚹☉	G
	13 21	♂□♇	
	16 02	☽⚹♀	G
	19 16	☽□♅	B
12 We	05 39	☽♍	
	07 09	☿∥♀	
	10 26	☽△♂	G
	10 47	☿□♄	
	13 49	☽□♃	B
	21 05	☽∥♂	B
13 Th	01 24	♀⊻♅	
	15 14	☽⚼♇	b
	18 38	☽⚼♂	b
	18 41	♀±♇	
	20 18	☽☍♄	B
	20 49	☽#♄	B
14 Fr	03 51	☽□☿	B
	05 18	☽□☉	B
	07 50	☽△♅	G
	11 13	☽□♀	B
	16 32	☉☌☿	
	17 26	☽#♆	D
	17 54	☽☍♆	B
	18 12	☽♎	
	21 39	☽△♇	G
	22 10	♂∠♄	
15 Sa	01 41	☿⊻♅	
	03 44	☽△♃	G
	03 49	☽∥♆	D
	09 52	☿±♇	
	14 16	☉⊻♅	
	14 26	☽⚼♅	b

	16 37	♂⚺♃	
16	00 18	☽∥♄	B
Su	08 02	☉±♇	
	10 38	☽⚼♃	b
	23 14	☽△☉	G
17	03 06	♂⊥♆	
Mo	03 46	♀□♆	
	04 52	☽#♂	B
	06 05	☽△☿	G
	06 20	♀♋	
	06 38	☽♏	
	06 40	☽△♀	G
	07 41	☿□♆	
	09 07	☿♋	
	09 54	☽□♇	B
	12 43	☿☌♀	
	15 08	☽⚼♄	b
	19 10	☽☍♂	B
	21 04	☿⊥♅	
18	03 13	☿▽♇	
Tu	03 48	♀⊥♅	
	07 15	☽⚼☉	b
	11 21	☽#♅	B
	11 45	☽⚼♆	b
	14 12	♀▽♇	
	15 14	☽⚼♀	b
	17 39	☽⚼☿	b
	20 19	☽△♄	G
	20 45	☽#♃	G
19	07 24	☽☍♅	B
We	10 40	☽∥♇	D
	14 16	☽#☉	G
	16 19	☽△♆	G
	16 32	☽♐	
	17 38	☽#♀	G
	19 32	☽⚹♇	G
20	00 43	☽#☿	G
Th	01 40	☿⚺♃	
	03 22	☽☍♃	B
	18 12	☉□♆	
	20 51	☉♋	
	23 06	☽∠♇	b
21	04 08	☽□♄	B
Fr	12 37	☽⚼♂	b
	16 23	☿⚹♂	
	22 58	☽□♆	B
	23 08	☽♑	
22	01 08	☽☍☉	B
Sa	01 55	☽⚺♇	g
	05 02	☿∠♅	
	05 39	☉⊥♅	
	09 56	♀⚺♃	
	10 20	☽☍♀	B
	12 01	☉▽♇	
	16 37	☽△♂	G
	17 18	☽⚼♅	b
	19 25	☽☍☿	B
23	06 54	☿⊥♃	
Su	09 02	☽⚹♄	G
	12 47	☽⚼♃	b
	19 20	☽△♅	G
24	03 05	☽⚹♆	G
Mo	03 14	☽♒	
	05 15	☽#☿	G
	05 50	☽☌♇	D
	09 35	☽#♀	G
	10 45	☽∠♄	b
	12 21	☽#☉	G
	14 52	☽△♃	G

	15 10	☽∥♇	D
	22 58	☽□♂	B
25	02 37	☽#♃	G
Tu	04 37	☽∠♆	b
	11 45	☽#♅	B
	12 14	☽⚺♄	g
	12 15	☽⚼☉	b
	19 01	♀∠♅	
	22 30	☽□♅	B
	22 49	☽⚼♀	b
26	05 55	☽#♂	B
We	06 00	☽⚺♆	g
	06 08	☽♓	
	08 37	☽⚺♇	g
	12 52	☽⚼☿	b
	15 26	☽△☉	G
	18 10	☿△♄	
	18 27	☽□♃	B
27	02 33	☽△♀	G
Th	04 26	☽⚹♂	G
	09 56	☽∠♇	b
	14 43	☽∥♄	B
	14 57	☽☌♄	B
	18 11	☽△☿	G
	20 45	☿∥♀	
28	01 23	☽⚹♅	G
Fr	07 11	☽∠♂	b
	07 53	☽∥♆	D
	08 44	☽☌♆	D
	08 52	☽♈	
	08 53	♀⊥♃	
	11 05	☿∠♃	
	11 18	☽⚹♇	G
	16 25	☽#♆	D
	21 53	☽□☉	B
	22 03	☽⚹♃	G
29	00 54	☉⚺♃	
Sa	02 56	☽∠♅	b
	02 57	☉∥☿	
	04 49	♀⚹♂	
	09 40	☽#♄	B
	10 04	☽⚺♂	g
	10 16	☽□♀	B
	13 38	♂∠♆	
	17 55	☽⚺♄	g
	19 08	♄Stat	
	20 16	☿#♇	
30	00 01	☽∠♃	b
Su	02 20	☿⚹♅	
	04 37	☽⚺♅	g
	04 56	☽□☿	B
	11 53	☽⚺♆	g
	12 00	☽♉	
	14 23	☽□♇	B
	19 36	☽∠♄	b
	23 10	☽∥♂	B

JULY

1	02 09	☽⚺♃	g
Mo	04 57	☽⚹☉	G
	13 33	☽∥♅	B
	13 42	☽∠♆	b
	14 59	☿Q♂	
	16 19	☽☌♂	B
	18 42	☽⚹♀	G
	21 28	☽⚹♄	G
	23 48	☽∥♃	G
2	03 58	☉∠♅	
Tu	05 08	☽∥☿	G

	08 29	☽☌♅	B
	08 49	☽∠☉	b
	10 31	☽#♇	D
	10 36	☽∥☉	G
	10 42	♆Stat	
	11 15	☽∥♀	G
	11 53	☿△♆	
	12 50	☿☊	
	14 06	☉#♇	
	15 43	☽⚹♆	G
	15 50	☽♊	
	16 16	☽⚹☿	G
	18 11	☽△♇	G
	23 21	☽∠♀	b
3	01 41	♀△♄	
We	06 53	♀#♇	
	07 05	☽☌♃	G
	07 27	☿☍♇	
	13 01	☽⚺☉	g
	20 29	☽⚼♇	b
	22 22	☽∠☿	b
	23 38	☽⚺♂	g
4	01 58	☽□♄	B
Th	04 24	☽⚺♀	g
	05 15	☉∥♀	
	07 20	☿∥♃	
	13 28	☽⚺♅	g
	20 44	☽□♆	B
	20 51	☽♋	
5	03 38	☿⚼♄	
Fr	03 58	☽∠♂	b
	04 57	☽⚺☿	g
	13 28	☽⚺♃	g
	16 38	☽∠♅	b
	19 02	♂⚹♄	
	22 57	☽☌☉	D
6	08 10	☽△♄	G
Sa	08 56	☽⚹♂	G
	16 27	☽☌♀	G
	17 32	☽∠♃	b
	20 23	☽⚹♅	G
7	03 46	☉⊥♃	
Su	03 47	☽△♆	G
	03 56	☽☊	
	05 56	♀∠♃	
	06 16	☽☍♇	B
	09 43	☿Q♅	
	12 11	☽⚼♄	b
	16 14	☽#♇	D
	19 41	☽∥☉	G
	20 23	☽☌☿	G
	21 30	☽∥♀	G
	22 19	☽⚹♃	G
8	03 07	☽∥♃	G
Mo	08 21	☽⚼♆	b
	11 04	♀⚹♅	
	12 00	☽⚺☉	g
	13 39	☿∥♅	
	14 26	☿⚹♃	
	15 22	☽∥♅	B
	15 36	☽∥☿	G
	21 18	☽□♂	B
	23 59	☽∥♂	B
9	06 04	☽□♅	B
Tu	08 07	☽⚺♀	g
	13 47	☽♍	
	19 54	☽∠☉	b
10	10 07	☽□♃	B
We	15 24	☽⚺☿	g

	17 22	☽∠♀	b
	22 04	☽⚼♇	b
	23 23	☿±♄	
11	00 14	☿∥♂	
Th	03 05	☉△♄	
	03 31	☽#♄	B
	04 27	☽☍♄	B
	04 34	☽⚹☉	G
	12 51	☽△♂	G
	14 32	♀△♆	
	16 19	♀☊	
	16 37	♀∥♃	
	18 20	☽△♅	G
12	00 21	☽#♆	D
Fr	01 51	☽∠☿	b
	01 55	☽☍♆	B
	02 06	☽♎	
	02 25	☿⚼♆	
	03 15	☽⚹♀	G
	04 24	☽△♇	G
	10 44	☽∥♆	D
	14 12	♀☍♇	
	21 17	☽⚼♂	b
	23 58	☽△♃	G
13	00 57	☽⚼♅	b
Sa	07 44	☽∥♄	B
	12 18	☽⚹☿	G
	22 49	☽□☉	B
14	06 52	☽⚼♃	b
Su	14 53	☽♏	
	17 01	☽□♇	B
	22 55	☽□♀	B
	23 20	☽⚼♄	b
15	02 19	☽#☿	G
Mo	03 00	♀⚼♄	
	06 03	☉∥♃	
	08 57	☿▽♄	
	14 05	♂☌♅	
	17 45	☽#♂	B
	20 20	☽⚼♆	b
	20 22	☽#♅	B
16	02 22	☽#♀	G
Tu	04 45	☽△♄	G
	06 59	☽□☿	B
	08 28	☽#☉	G
	09 43	☽#♃	G
	15 04	☽△☉	G
	18 31	☽☍♅	B
	19 34	☽∥♇	D
	20 06	☽☍♂	B
17	01 10	☽△♆	G
We	01 25	☽♐	
	03 20	☽⚹♇	G
	15 08	☽△♀	G
	21 33	☽⚼☉	b
	23 20	☽☍♃	B
18	07 06	☽∠♇	b
Th	12 49	☽□♄	B
	12 56	♃Q♆	
	12 59	♀Q♅	
	14 00	☉⚹♅	
	19 36	♂∥♅	
	20 24	☽△☿	G
	21 19	☽⚼♀	b
19	03 55	☉∠♃	
Fr	07 32	☿±♆	
	07 58	☽□♆	B
	08 14	☽♑	
	09 25	♀∥♂	

	09 55	☽⚺♇	g
	11 50	☿Q♃	
	16 05	♀∥♅	
20	01 04	☽⚼☿	b
Sa	04 16	☽⚼♅	b
	09 46	☽⚼♂	b
	15 17	♂⚹♆	
	17 15	☽⚹♄	G
	20 43	♂♊	
21	05 53	☽△♅	G
Su	07 21	☽⚼♃	b
	10 17	☽☍☉	B
	11 26	☽⚹♆	G
	11 43	☽♒	
	12 29	☽△♂	G
	13 14	☽☌♇	D
	18 28	☽∠♄	b
	20 43	♀⚹♃	
	21 54	☽∥♇	D
	22 21	☿□♅	
22	03 25	☉△♆	
Mo	03 48	♂△♇	
	04 45	♀Q♂	
	05 53	☽#♃	G
	06 33	♀±♄	
	07 44	☉☊	
	07 52	♂Q♄	
	08 43	☽△♃	G
	09 39	☽☍♀	B
	12 23	☽∠♆	b
	13 19	☽#☉	G
	15 10	☽#♂	B
	17 47	☽#♅	B
	19 16	☽⚺♄	g
	22 40	☽#♀	G
23	05 38	☉☍♇	
Tu	07 47	☽□♅	B
	09 58	☽☍☿	B
	13 04	☽⚺♆	g
	13 23	☽♓	
	14 48	☽⚺♇	g
	16 33	☉∥♂	
	16 36	☽□♂	B
	17 37	♀⚼♆	
24	03 24	☽#☿	G
We	10 47	☽□♃	B
	15 26	☽∠♇	b
	17 52	☽⚼☉	b
	19 24	☽∥♄	B
	20 31	☽☌♄	B
25	09 19	☽⚹♅	G
Th	12 55	☽∥♆	D
	14 31	☽☌♆	D
	14 52	☽♈	
	16 00	☿▽♆	
	16 13	☽⚹♇	G
	18 44	☽⚼♀	b
	20 29	☽△☉	G
	20 36	☽⚹♂	G
	21 48	☽#♆	D
	22 42	☿♍	
26	02 32	☉⚹♂	
Fr	08 40	☉⚼♄	
	10 23	☽∠♅	b
	13 16	☽⚹♃	G
	15 39	☽#♄	B
	16 52	☽⚼☿	b
	21 55	☉∥♅	
	22 14	☽△♀	G

Day	Time	Aspect	
	22 24	☽⚺♄	g
	23 01	☽∠♂	b
27 Sa	00 07	♀⚻♄	
	00 49	☿⚻♇	
	02 44	☽∥☿	G
	11 47	☽⚺♅	g
	15 00	☽∠♃	b
	16 58	☽⚺♆	g
	17 22	☽♉	
	18 41	☽□♇	B
	19 35	☽△☿	G
	23 51	☽∠♄	b
28 Su	01 52	☽⚺♂	g
	02 52	☽□☉	B
	05 18	☽∥♀	G
	17 01	☽∥☉	G
	17 08	☽⚺♃	g
	18 46	☽∠♆	b
	19 02	☽∥♅	B
29 Mo	01 42	☽✱♄	G
	02 09	☽∥♂	B
	06 45	☽□♀	B
	08 13	☽∥♃	G
	15 47	☽☌♅	B
	16 00	☽#♇	D
	20 59	☽✱♆	G
	21 28	☽♊	
	22 43	☽△♇	G
30 Tu	02 00	☽□☿	B
	09 01	☽☌♂	B
	11 15	☽✱☉	G
	22 45	☽☌♃	G
	23 38	♀±♆	
31 We	01 23	☽⚼♇	b
	06 42	☽□♄	B
	13 33	☉Q♅	
	16 17	☽∠☉	b
	17 33	☽✱♀	G
	21 33	☽⚺♅	g

AUGUST

Day	Time	Aspect	
1 Th	02 46	☽□♆	B
	03 19	☽♋	
	09 43	☽✱☿	G
	18 15	☽⚺♂	g
	21 55	☽⚺☉	g
	23 54	☽∠♀	b
2 Fr	01 09	☽∠♅	b
	06 16	☽⚺♃	g
	08 48	♀Q♃	
	13 27	♀□♅	
	13 32	☽△♄	G
	14 05	☽∠☿	b
	23 45	☽∠♂	b
3 Sa	05 17	☽✱♅	G
	06 57	☽⚺♀	g
	10 31	☽△♆	G
	10 51	☽∠♃	b
	11 09	☽♌	
	12 18	☽☍♇	B
	17 44	☽⚼♄	b
	18 48	☽⚺☿	g
	22 12	☽#♇	D
4 Su	05 54	☽✱♂	G
	06 14	☽∥♃	G
	07 41	☉±♄	
	09 13	☽∥♂	B
	11 13	☽☌☉	D
	15 14	☽⚼♆	b
	16 01	☽✱♃	G
	19 24	♀⚻♆	
	19 40	☿#♄	
	21 22	☽∥♅	B
5 Mo	02 23	♀♍	
	04 56	☿Stat	
	09 51	☽∥☉	G
	13 18	♀⚻♇	
	15 16	☽□♅	B
	21 17	☽♍	
	23 24	☽☌♀	G
6 Tu	05 19	☽☌☿	G
	06 47	☽∥♀	G
	14 26	☉⚼♆	
	20 15	☽□♂	B
	22 32	♂Q♆	
7 We	03 27	☽⚺☉	g
	04 08	☽□♃	B
	04 14	☽⚼♇	b
	08 06	☽#♄	B
	09 44	☽☍♄	B
	09 51	☽∥☿	G
	10 28	♃⚼♇	
	13 37	☉✱♃	
8 Th	03 12	☿☌♀	
	03 27	☽△♅	G
	06 24	☽#♆	D
	08 40	☽☍♆	B
	09 31	☽♎	
	10 31	☽△♇	G
	12 28	☽∠☉	b
	16 47	☽⚺☿	g
	18 01	☽∥♆	D
	18 43	☽⚺♀	g
9 Fr	10 02	☽⚼♅	b
	12 40	☽△♂	G
	14 24	☽#☿	G
	16 42	☽∥♄	B
	17 55	☽△♃	G
	21 45	☽✱☉	G
	22 26	☽∠☿	b
10 Sa	04 50	☽∠♀	b
	05 26	☉⚻♄	
	08 13	♂∥♃	
	08 26	♀±♇	
	09 35	☽#♀	G
	20 58	☽⚼♂	b
	22 34	☽♏	
	23 27	☽□♇	B
11 Su	00 48	☽⚼♃	b
	03 42	☽✱☿	G
	04 41	☽⚼♄	b
	07 03	☽#☉	G
	14 40	☽✱♀	G
12 Mo	03 40	☽⚼♆	b
	04 13	☽#♅	B
	10 29	☽△♄	G
	15 19	☽□☉	B
	16 26	♂⚼♇	
	20 17	☽#♃	G
	21 26	☽#♂	B
13 Tu	03 49	☽∥♇	D
	04 24	☽☍♅	B
	09 01	☽△♆	G
	10 01	☽♐	
	10 45	☽✱♇	G
	12 09	☽□☿	B
14 We	07 33	☽□♀	B
	08 05	☿#♄	
	13 03	☿⚻♇	
	15 07	☽∠♇	b
	15 22	♂☌♃	
	17 35	☽☍♃	B
	17 41	☽☍♂	B
	19 38	☽□♄	B
15 Th	00 15	☿♌	
	04 57	☽△☉	G
	16 50	☽□♆	B
	16 52	☽△☿	G
	17 19	☿⚻♆	
	17 51	☽♑	
	18 17	☿Q♂	
	18 27	☽⚺♇	g
	19 06	☉±♆	
16 Fr	05 30	♂□♄	
	08 03	☿Q♃	
	09 51	☽⚼☉	b
	15 18	☽⚼♅	b
	16 28	☿∥♀	
	17 49	☽⚼☿	b
	19 08	☽△♀	G
17 Sa	00 49	☽✱♄	G
	13 24	♀⚼♇	
	16 59	☽△♅	G
	20 43	☽✱♆	G
	21 45	☽♒	
	22 04	♀#♄	
	22 13	☽☌♇	D
	23 04	☽⚼♀	b
18 Su	01 24	☽⚼♃	b
	02 03	☽∠♄	b
	04 22	☽⚼♂	b
	07 07	☽∥♇	D
	09 47	☿□♅	
	10 26	☽#♂	B
	13 15	☽#♃	G
	21 30	☽∠♆	b
19 Mo	01 58	☉☌☿	
	02 22	☽△♃	G
	02 38	☽⚺♄	g
	02 57	☽#♅	B
	05 53	♀□♃	
	06 08	☽△♂	G
	08 30	♀☍♄	
	16 32	☽☍☿	B
	16 45	☉□♅	
	18 19	☽□♅	B
	18 26	☽☍☉	B
	21 46	♃□♄	
	21 48	☽⚺♆	g
	22 52	☽♓	
	23 15	☽⚺♇	g
20 Tu	06 52	☽#☉	G
	18 01	☽#☿	G
	23 18	☽∠♇	b
21 We	01 28	☽∥♄	B
	02 45	☽☌♄	B
	03 10	☽□♃	B
	06 44	☽☍♀	B
	07 31	☽#♀	G
	08 34	☽□♂	B
	18 32	☽✱♅	G
	20 01	☽∥♆	D
	21 29	☉⚻♆	
	21 54	☽☌♆	D
	23 02	☽♈	
	23 21	☽✱♇	G
22	06 00	☽#♆	D
Th	10 13	☉Q♃	
	13 18	☽⚼☿	b
	14 55	☉♍	
	16 15	☽∥♀	G
	18 47	☽∠♅	b
	19 34	☉⚻♇	
	23 54	☽⚼☉	b
23 Fr	00 56	☽#♄	B
	02 58	☽⚺♄	g
	03 20	♀□♂	
	04 05	☽✱♃	G
	09 50	☿±♆	
	11 21	☽✱♂	G
	12 44	☽△☿	G
	12 48	☽∥☿	G
	15 33	☽∥☉	G
	19 24	☽⚺♅	g
	20 15	☿⚺♀	
	22 46	☽⚺♆	g
24 Sa	00 00	☽♉	
	00 17	☽□♇	B
	02 22	☽△☉	G
	03 36	☽∠♄	b
	04 31	☿✱♂	
	05 05	☽∠♃	b
	13 05	☉∥☿	
	13 26	☽∠♂	b
	14 59	☽⚼♀	b
	23 54	☽∠♆	b
25 Su	00 41	☽∥♅	B
	04 46	☽✱♄	G
	06 40	☽⚺♃	g
	13 25	☽□☿	B
	15 21	☽∥♃	G
	16 12	☽⚺♂	g
	19 03	☽△♀	G
	20 14	☽∥♂	B
	21 28	☽#♇	D
	22 15	☽☌♅	B
26 Mo	01 40	☽✱♆	G
	03 04	☽♊	
	03 17	☽△♇	G
	06 49	♂±♇	
	09 26	☽□☉	B
27 Tu	05 46	☽⚼♇	b
	07 24	♀△♅	
	09 02	☽□♄	B
	11 50	☽☌♃	G
	12 58	☿⊥♀	
	17 17	☽✱☿	G
28 We	00 00	☽☌♂	B
	03 45	☽⚺♅	g
	05 50	☽□♀	B
	07 14	☽□♆	B
	08 47	☽♋	
	12 04	♀#♆	
	19 50	☽✱☉	G
	20 25	♀☍♆	
	20 37	☽∠☿	b
	21 14	☿Stat	
	21 57	☉±♇	
29 Th	07 30	☽∠♅	b
	13 23	♀♎	
	14 32	♀△♇	
	15 57	☽△♄	G
	19 46	☽⚺♃	g
30 Fr	00 56	☽⚺☿	g
	02 17	☽∠☉	b
	10 52	☽⚺♂	g
	11 54	☽✱♅	G
	15 24	☽△♆	G
	17 09	☽♌	
	17 14	☽☍♇	B
	20 10	☽✱♀	G
	20 21	☽⚼♄	b
31 Sa	00 41	☽∠♃	b
	03 47	☽#♇	D
	03 59	☽∥♂	B
	07 52	♂⚺♅	
	09 30	☽⚺☉	g
	10 27	☽∥♃	G
	17 20	☽∠♂	b
	20 23	☽⚼♆	b

SEPTEMBER

Day	Time	Aspect	
1 Su	03 30	☽∥♅	B
	04 32	☽∠♀	b
	06 10	☽✱♃	G
	08 01	♂#♇	
	12 36	☽☌☿	G
	15 19	♅Stat	
	22 22	☽□♅	B
2 Mo	00 10	♇♑	
	00 25	☽✱♂	G
	03 48	☽♍	
	09 08	☽∥☿	G
	13 35	☽⚺♀	g
	16 52	☿±♆	
	17 22	☉Q♂	
3 Tu	01 56	☽☌☉	D
	04 10	♂□♆	
	04 25	☉#♄	
	09 47	☽⚼♇	b
	11 11	☽#♄	B
	11 42	☽∥☉	G
	12 37	☽☍♄	B
	15 43	♀∥♆	
	18 34	☽□♃	B
4 We	04 17	☽⚺☿	g
	10 04	☽#♀	G
	10 37	☽△♅	G
	11 42	☽#♆	D
	14 05	☽☍♆	B
	16 00	☽□♂	B
	16 06	☽△♇	G
	16 12	☽♎	
	17 59	♂⚻♇	
	19 46	♂♋	
5 Th	01 27	☽∥♆	D
	04 45	☽∥♀	G
	09 12	☽☌♀	G
	13 26	☽∠☿	b
	17 09	☽⚼♅	b
	20 12	☽⚺☉	g
	21 41	☽#☉	G
6 Fr	02 27	☽∥♄	B
	08 08	☽△♃	G
	23 11	☽✱☿	G
7 Sa	01 12	☉⚼♇	
	02 58	☽#☿	G
	04 21	☿□♅	
	05 08	☽□♇	B
	05 18	☽♏	
	05 30	☽∠☉	b
	07 32	☽⚼♄	b
	08 24	☽△♂	G
	14 54	☽⚼♃	b
8	04 35	☉☍♄	

Day	Time	Aspect	
Su	05 14	☽⚺♀	g
	09 20	☽⚼♆	b
	10 39	☽#♅	B
	10 52	☿⚻♆	
	13 20	♀⚼♅	
	13 37	☽△♄	G
	14 29	☽⚹☉	G
	16 15	☽⚼♂	b
9 Mo	04 28	☽#♃	G
	04 55	☿⚻♇	
	06 50	☿♍	
	11 01	☽∥♇	D
	11 46	☽#♂	B
	11 58	☽☍♅	B
	14 31	☽∠♀	b
	15 07	☽△♆	G
	17 11	☽⚹♇	G
	17 26	☽♐	
	18 50	☽□☿	B
	22 46	☉#♀	
10 Tu	05 18	♂⊥♅	
	15 50	☿Q♃	
	22 14	☽∠♇	b
	22 48	☽⚹♀	G
11 We	00 02	☽□♄	B
	06 06	☽□☉	B
	08 07	☽☍♃	B
	10 52	♀⚻♄	
12 Th	00 21	☽□♆	B
	02 21	☽⚺♇	g
	02 38	☽♑	
	03 42	☿⚹♂	
	10 53	☉□♃	
	10 56	☽☍♂	B
	11 36	☽△☿	G
13 Fr	00 46	☽⚼♅	b
	01 11	☿±♇	
	06 53	☽⚹♄	G
	11 30	☽□♀	B
	17 01	☽△☉	G
	18 07	☽⚼☿	b
14 Sa	03 04	☽△♅	G
	05 40	☽⚹♆	G
	07 35	☽☌♇	D
	07 53	☽♒	
	08 50	☽∠♄	b
	16 39	☽#♂	B
	17 00	☽⚼♃	b
	17 14	☽∥♇	D
	20 38	☽⚼☉	b
	22 44	☽#♃	G
15 Su	05 34	♀△♃	
	06 56	☽∠♆	b
	09 55	☽⚺♄	g
	13 49	☽#♅	B
	17 10	♀∥♄	
	18 05	☽△♃	G
	19 09	☽△♀	G
	19 49	☽⚼♂	b
	20 52	♀±♅	
16 Mo	01 52	♀±♄	
	05 04	☽□♅	B
	07 27	☽⚺♆	g
	09 19	☽⚺♇	g
	09 39	☽♓	
	21 03	☽△♂	G
	21 35	☽⚼♀	b
17 Tu	00 14	☿#♀	
	06 50	☽∥♀	G
	06 55	☽☍☿	B
	08 02	☽#☿	G
	09 19	☽∠♇	b
	09 20	☽∥♄	B
	10 11	☽☌♄	B
	18 30	☽□♃	B
	21 03	☿#♄	
	23 06	☉#♆	
18 We	02 34	☽☍☉	B
	02 34	☿⚼♇	
	04 53	☽⚹♅	G
	05 25	☽∥♆	D
	05 47	☽#☉	G
	07 10	☽☌♆	D
	08 50	☿☍♄	
	09 02	☽⚹♇	G
	09 24	☽♈	
	16 09	☽∥☉	G
	17 04	☽#♆	D
	22 27	☽□♂	B
19 Th	04 34	☽∠♅	b
	09 24	☽⚺♄	g
	09 35	☽∥☿	G
	13 20	☽#♄	B
	14 04	☉△♅	
	18 11	☽⚹♃	G
	19 55	☽#♀	G
20 Fr	03 14	☽☍♀	B
	04 25	☽⚺♅	g
	06 41	☽⚺♆	g
	07 00	♄Q♅	
	08 39	☽□♇	B
	09 02	☽♉	
	09 13	☽∠♄	b
	16 21	☽⚼☿	b
	17 36	♀⚻♅	
	18 21	☽∠♃	b
21 Sa	00 17	☉☍♆	
	00 18	☽⚹♂	G
	06 57	☽∠♆	b
	07 27	☽⚼☉	b
	08 23	☽∥♅	B
	08 50	☿□♃	
	09 28	☽⚹♄	G
	12 19	♂#♇	
	19 03	☽⚺♃	g
	20 30	☽△☿	G
	20 53	♀⚻♆	
	23 36	☽∥♃	G
22 Su	00 00	☿Q♂	
	02 03	☽∠♂	b
	04 55	☽∥♂	B
	05 00	☽#♇	D
	05 29	☽☌♅	B
	06 12	☉△♇	
	07 50	☽⚹♆	G
	09 57	☽△♇	G
	10 14	☽△☉	G
	10 24	☽♊	
	12 44	☉♎	
	21 15	♀□♇	
23 Mo	00 52	♀⚼♄	
	01 03	☿⊥♀	
	02 36	♀♏	
	04 37	☽⚺♂	g
	11 42	☽⚼♇	b
	11 58	☽□♄	B
	13 07	☽⚼♀	b
	22 39	☽☌♃	G
24 Tu	08 13	☽□☿	B
	09 30	☽⚺♅	g
	11 59	☽□♆	B
	14 50	☽♋	
	17 27	☿△♅	
	18 30	☽△♀	G
	18 50	☽□☉	B
25 We	11 07	☿☍♆	
	11 27	☉⚺♀	
	12 40	☽☌♂	B
	12 51	☽∠♅	b
	16 48	♂∠♅	
	17 52	☽△♄	G
	21 05	☿#♆	
	23 09	♄∠♇	
26 Th	04 14	☿△♇	
	05 45	☽⚺♃	g
	08 09	☿♎	
	08 30	☉#☿	
	16 29	♀±♆	
	17 02	☽⚹♅	G
	19 38	☽△♆	G
	22 05	☽⚼♄	b
	22 12	☽☍♇	B
	22 47	☽☊	
27 Fr	01 18	☽⚹☿	G
	07 51	☽⚹☉	G
	08 27	☉∥♆	
	08 47	☽□♀	B
	09 18	☽#♇	D
	10 19	☽∥♂	B
	10 34	☽∠♃	b
	15 32	☽∥♃	G
28 Sa	00 33	☽⚺♂	g
	00 39	☽⚼♆	b
	03 26	♀⚼♃	
	09 51	☽∥♅	B
	11 37	☽∠☿	b
	15 47	☽∠☉	b
	16 04	☽⚹♃	G
29 Su	03 36	☽□♅	B
	07 37	☽∠♂	b
	09 42	☽♍	
	10 32	☽#♀	G
	22 48	☽⚺☿	g
30 Mo	00 25	☽⚺☉	g
	02 49	☽⚹♀	G
	04 06	♂△♄	
	13 55	☽#♄	B
	14 38	☽☍♄	B
	15 11	☽⚹♂	G
	15 13	☽⚼♇	b
	16 46	☿∥♆	
	21 09	☉☌☿	
OCTOBER			
1 Tu	04 30	☽□♃	B
	10 06	☽#☉	G
	12 40	☽∠♀	b
	13 45	☽#☿	G
	16 00	☽△♅	G
	16 35	☽#♆	D
	18 42	☽☍♆	B
	21 39	☽△♇	G
	22 20	☽♎	
2 We	08 52	☽∥♆	D
	15 08	☽∥☿	G
	17 29	☽∥☉	G
	18 49	☽☌☉	D
	22 21	☽☌☿	G
	22 29	☽⚼♅	b
	22 43	☽⚺♀	g
	23 09	☿⚼♅	
3 Th	05 26	☿⚺♀	
	07 00	☽□♂	B
	11 55	☽∥♄	B
	17 40	☽△♃	G
	22 10	♀⚼♆	
	23 37	☉∥☿	
4 Fr	06 46	☿⚻♄	
	09 37	☽⚼♄	b
	10 40	☽□♇	B
	11 22	☽♏	
	13 33	☉⚼♅	
	17 04	♀△♄	
5 Sa	00 08	☽⚼♃	b
	03 02	☽∥♀	G
	13 13	☽⚺☉	g
	13 52	☽⚼♆	b
	15 46	☽△♄	G
	16 02	☽#♅	B
	16 43	♀±♃	
	18 28	☽☌♀	G
	21 30	☽⚺☿	g
	22 27	☽△♂	G
6 Su	06 37	☿□♂	
	11 00	☽#♃	G
	14 07	☽#♂	B
	17 09	☽☍♅	B
	17 22	☽∥♇	D
	18 28	☉⚻♄	
	19 47	☽△♆	G
	21 51	☽∠☉	b
	22 52	☽⚹♇	G
	23 34	☽♐	
7 Mo	05 34	☽⚼♂	b
	08 11	☽∠☿	b
	14 47	♀Q♇	
	16 20	☿±♄	
8 Tu	02 50	☽□♄	B
	03 32	☿±♅	
	04 16	☽∠♇	b
	05 48	☽⚹☉	G
	10 22	♀△♂	
	12 09	☽⚺♀	g
	12 23	☿△♃	
	17 10	☽☍♃	B
	17 54	☽⚹☿	G
9 We	05 54	☽□♆	B
	06 23	☿∥♄	
	07 04	♃Stat	
	08 58	☽⚺♇	g
	09 38	☽♑	
	19 37	☽∠♀	b
10 Th	07 23	☽⚼♅	b
	11 16	☽⚹♄	G
	15 44	♀⚻♃	
	18 55	☽□☉	B
	22 22	☽☍♂	B
11 Fr	01 58	☽⚹♀	G
	09 35	☽□☿	B
	10 31	☽△♅	G
	12 19	♀#♅	
	12 54	☽⚹♆	G
	14 14	☽∠♄	b
	15 53	☽☌♇	D
	16 31	☽♒	
	17 11	☿⚻♅	
12 Sa	00 34	♇Stat	
	01 59	☽∥♇	D
	03 38	☽⚼♃	b
	06 15	☽#♂	B
	07 35	☽#♃	G
	12 13	☉±♄	
	12 41	☿⚻♆	
	15 05	☽∠♆	b
	16 19	☽⚺♄	g
	21 46	☽∥♀	G
	23 05	☿⚼♄	
13 Su	00 07	☽#♅	B
	03 39	☽△☉	G
	05 22	☽△♃	G
	10 05	☉±♅	
	11 08	☽□♀	B
	14 03	☿□♇	
	14 11	☽□♅	B
	16 26	☽⚺♆	g
	19 19	☽⚺♇	g
	19 23	☿♏	
	19 55	☽♓	
	19 59	☽△☿	G
	23 08	♂⚺♃	
14 Mo	03 52	☉△♃	
	05 48	☽∥☿	G
	06 30	☽⚼☉	b
	06 34	☽⚼♂	b
	08 15	☉□♂	
	14 43	☉∥♄	
	17 40	☽∥☉	G
	17 49	☽∥♄	B
	18 09	☽☌♄	B
	19 56	☽∠♇	b
	22 22	♀☍♅	
	23 32	☽⚼☿	b
15 Tu	06 38	☽□♃	B
	07 41	☽△♂	G
	14 59	☽⚹♅	G
	15 35	☽∥♆	D
	16 28	☽△♀	G
	17 09	☽☌♆	D
	20 00	☽⚹♇	G
	20 34	☽♈	
16 We	00 49	♀△♆	
	05 15	☽#♆	D
	05 23	☿±♆	
	14 44	☽∠♅	b
	17 52	☽⚺♄	g
	18 19	☽⚼♀	b
17 Th	02 44	☽#♄	B
	05 53	☽#☉	G
	06 09	☽⚹♃	G
	08 44	☽□♂	B
	11 26	☽☍☉	B
	12 02	♂∥♃	
	12 30	♀⚹♇	
	14 21	☽⚺♅	g
	16 32	☽⚺♆	g
	17 28	☽∠♄	b
	17 40	☿⚼♃	
	19 26	☽□♇	B
	19 28	♀♐	
	20 00	☽♉	
	22 53	☽#☿	G
18 Fr	05 49	☽∠♃	b
	07 15	☽☍☿	B
	16 18	☽∠♆	b
	17 13	☽⚹♄	G

	18 12	☽∥♅	B
19	05 46	☽⚺♃	g
Sa	06 04	☽⋕♀	G
	06 40	☉⚻♅	
	09 22	☽∥♂	B
	09 49	☽∥♃	G
	10 00	☽✶♂	G
	14 11	☽☌♅	B
	15 05	☽⋕♇	D
	16 28	☽✶♆	G
	19 33	☽△♇	G
	20 07	☽♊	
20	00 30	☽☍♀	B
Su	11 24	☽∠♂	b
	15 44	☉⚻♆	
	17 21	☽⚼☉	b
	18 07	☽□♄	B
	20 28	☽⚼♇	b
21	03 55	☉⚼♄	
Mo	06 24	♀⋕♂	
	07 25	☽☌♃	G
	13 39	☽⚺♂	g
	16 22	☽⚺♅	g
	18 20	☽⚼☿	b
	18 50	☽□♆	B
	21 00	☽△☉	G
	21 40	♀⋕♃	
	22 50	☽♋	
	22 51	☿⚼♆	
22	01 58	☉⊥♀	
Tu	06 35	☿△♄	
	14 15	☉□♇	
	18 48	☽∠♅	b
	22 15	☉♏	
	22 17	☽△♄	G
23	00 22	☽△☿	G
We	11 14	☿±♃	
	12 36	☽⚺♃	g
	14 26	☽⚼♀	b
	21 20	☽☌♂	B
	22 16	☽✶♅	G
24	01 00	☽△♆	G
Th	01 52	☽⚼♄	b
	04 47	☽☍♇	B
	05 24	☽♌	
	08 03	☽□☉	B
	15 27	☽⋕♇	D
	16 41	☽∠♃	b
	17 13	☽⋕♀	G
	21 43	☽△♀	G
	21 44	☽∥♃	G
	23 48	☽∥♂	B
25	00 13	♂✶♅	
Fr	05 36	☽⚼♆	b
	06 17	☿Q♇	
	16 41	☽□☿	B
	16 49	☽∥♅	B
	18 43	☽⋕☿	G
	21 17	♀∥♇	
	21 42	☽✶♃	G
26	08 04	☽□♅	B
Sa	09 16	☽⚺♂	g
	11 36	☿⋕♅	
	13 12	☉±♆	
	15 46	♂⊥♃	
	15 47	☽♍	
	22 56	☽⋕☉	G
	23 54	☽✶☉	G
27	08 50	☿⚻♃	
Su	15 39	☽□♀	B
	16 24	☽∠♂	b
	17 42	☽⋕♄	B
	17 56	☽☍♄	B
	21 23	☽⚼♇	b
28	02 10	♀⚼♂	
Mo	09 01	☽∠☉	b
	09 37	☽□♃	B
	12 31	♂△♆	
	13 16	☽✶☿	G
	13 35	♀□♄	
	15 46	☉⚼♃	
	20 23	☽△♅	G
	21 33	☽⋕♆	D
	23 31	☽☍♆	B
	23 55	☽✶♂	G
29	03 54	☽△♇	G
Tu	04 30	☽♎	
	12 00	♂⚼♄	
	16 04	☽∥♆	D
	18 24	☽⚺☉	g
30	00 07	☽∠☿	b
We	00 23	♀∠♇	
	02 52	☽⚼♅	b
	11 39	☽✶♀	G
	20 05	☽∥♄	B
	22 15	☿☍♅	
	22 22	☽△♃	G
31	10 47	☽⚺☿	g
Th	13 13	☽⚼♄	b
	14 57	☽□♂	B
	16 57	☽□♇	B
	17 29	☽♏	
	21 29	☽∠♀	b
	22 33	☽∥☉	G

NOVEMBER

1	00 33	☿△♆	
Fr	04 31	☽⚼♃	b
	11 18	☿⋕♂	
	12 47	☽☌☉	D
	18 35	☽⚼♆	b
	19 20	☽△♄	G
	21 02	☽⋕♅	B
2	06 53	☽⚺♀	g
Sa	08 21	☿△♂	
	12 28	☽⋕♂	B
	15 03	☿✶♇	
	15 34	☽∥☿	G
	16 44	☽⋕♃	G
	19 18	☿♐	
	21 06	☽☍♅	B
	23 21	☽∥♇	D
3	00 20	☽△♆	G
Su	03 28	☿⋕♃	
	04 39	☽△♂	G
	04 51	☽✶♇	G
	05 19	☽♐	
	06 37	☽☌☿	G
	10 33	☽∥♀	G
	11 37	♂☍♇	
	15 25	♀☍♃	
4	04 10	♂♌	
Mo	05 18	☽⚺☉	g
	06 19	☽□♄	B
	09 04	☉⚼♆	
	10 08	☽∠♇	b
	10 45	☽⚼♂	b
	17 36	☉△♄	
	20 32	☽☍♃	B
	23 51	☽☌♀	G
5	10 23	☽□♆	B
Tu	12 37	☽∠☉	b
	14 53	☽⚺♇	g
	15 17	☽♑	
	23 30	☽⚺☿	g
6	00 14	☉±♃	
We	02 30	☿∥♇	
	11 24	☽⚼♅	b
	13 55	♀⊥♇	
	15 17	☽✶♄	G
	19 11	☽✶☉	G
7	06 39	☽∠☿	b
Th	13 51	☽⚺♀	g
	15 01	☽△♅	G
	17 16	♀±♂	
	18 12	☽✶♆	G
	18 23	☽∥♀	G
	18 52	☽∠♄	b
	22 38	☽☌♇	D
	22 58	☽♒	
8	01 15	☽☍♂	B
Fr	02 20	♀⚻♅	
	04 18	☽∥☿	G
	07 45	☽⚼♃	b
	08 09	☽∥♇	D
	12 52	☽✶☿	G
	14 17	☽⋕♃	G
	19 13	☽⋕♂	B
	19 34	☽∠♀	b
	21 09	☽∠♆	b
	21 48	☽⚺♄	g
9	05 55	☽□☉	B
Sa	08 01	☽⋕♅	B
	10 12	☽△♃	G
	13 15	♀□♆	
	16 05	☽∥☉	G
	18 12	☉Q♇	
	20 17	☽□♅	B
	23 25	☽⚺♆	g
10	00 23	☽✶♀	G
Su	03 44	☽⚺♇	g
	04 00	☽♓	
	22 20	☽□☿	B
11	01 23	☽∥♄	B
Mo	01 39	☽☌♄	B
	05 17	☽∠♇	b
	09 18	☽⚼♂	b
	11 08	☉⚻♃	
	13 07	☽□♃	B
	13 17	☽△☉	G
	15 44	♀⚺♇	
	18 26	♀♑	
	22 56	☽✶♅	G
12	00 17	☽∥♆	D
Tu	02 01	☽☌♆	D
	06 13	☽✶♇	G
	06 26	☽♈	
	07 30	☽□♀	B
	08 33	♀Q♄	
	10 37	☽△♂	G
	13 22	☿□♄	
	15 50	☽⋕♆	D
	15 51	☽⚼☉	b
	22 54	♀±♅	
	23 26	☽∠♅	b
13	03 08	☽⚺♄	g
We	04 19	☽△☿	G
	13 51	☽✶♃	G
	14 03	☽⋕♄	B
	23 34	☽⚺♅	g
14	02 38	☽⚺♆	g
Th	03 17	☽∠♄	b
	06 27	☽⚼☿	b
	06 50	☽□♇	B
	06 59	☽♉	
	08 02	♀⚻♂	
	11 47	☿∠♇	
	11 57	☽□♂	B
	12 13	☽△♀	G
	13 45	☽∠♃	b
15	02 38	☽∠♆	b
Fr	03 16	☽⋕☉	G
	03 18	☽✶♄	G
	04 21	☽∥♅	B
	13 36	☽⚺♃	g
	14 19	☽⚼♀	b
	14 20	♄ Stat	
	15 20	☽∥♂	B
	20 25	☽∥♃	G
	21 28	☽☍☉	B
	23 32	☽☌♅	B
16	02 05	☽⋕♇	D
Sa	02 37	☉⋕♅	
	02 43	☽✶♆	G
	07 03	☽△♇	G
	07 09	☽♊	
	13 00	☽✶♂	G
	15 00	☽⋕☿	G
	16 07	☽⋕♀	G
17	02 45	☉☍♅	
Su	03 52	☽□♄	B
	07 36	☽⚼♇	b
	12 41	☽☍☿	B
	14 03	☽∠♂	b
	14 07	☽☌♃	G
	16 38	♂∠♃	
18	00 42	☽⚺♅	g
Mo	04 09	☽□♆	B
	08 50	☽♋	
	08 55	☿☍♃	
	11 01	☿∥♀	
	15 49	☽⚺♂	g
	17 25	☿⚼♂	
	23 35	☽☍♀	B
19	02 07	☉△♆	
Tu	02 20	☽∠♅	b
	06 16	☽⚼☉	b
	06 48	☽△♄	G
	17 17	☽⚺♃	g
	20 29	♇♒	
20	04 56	☽✶♅	G
We	06 37	♀⚼♅	
	07 38	☽⋕☿	G
	08 31	☽⋕♀	G
	08 46	☽△♆	G
	09 40	☽⚼♄	b
	11 20	☽△☉	G
	13 51	☽♌	
	13 52	☽☍♇	B
	20 18	☽∠♃	b
	22 15	☽☌♂	B
	23 02	☽⋕♇	D
21	00 41	☽⚼☿	b
Th	05 46	☽∥♃	G
	11 54	☽∥♂	B
	12 37	☽⚼♆	b
	17 42	☽⋕☉	G
	19 56	☉♐	
	20 49	☉✶♇	
22	00 21	☽✶♃	G
Fr	00 52	☽∥♅	B
	06 36	☽△☿	G
	11 55	♀✶♄	
	13 15	☽□♅	B
	19 16	☽⚼♀	b
	23 01	☽♍	
23	01 28	☽□☉	B
Sa	08 53	☽⚺♂	g
	23 51	☽⋕♄	B
24	00 24	☽☍♄	B
Su	04 21	☽△♀	G
	05 05	☽⚼♇	b
	11 04	☽□♃	B
	13 44	♀Q♆	
	15 25	☽∠♂	b
	20 10	☽□☿	B
25	00 59	☽△♅	G
Mo	03 12	☽⋕♆	D
	05 35	☽☍♆	B
	11 20	☽♎	
	11 33	☽△♇	G
	19 32	☽✶☉	G
	22 18	☽✶♂	G
	22 58	☽∥♆	D
26	02 41	☿ Stat	
Tu	07 26	☽⚼♅	b
	18 08	♀⚻♃	
	23 27	☽△♃	G
27	00 06	☽□♀	B
We	01 09	☿∥♀	
	02 24	☽∥♄	B
	02 56	☉⋕♂	
	04 58	☽∠☉	b
	08 06	☉△♂	
	09 14	☽✶☿	G
	09 46	♄Q♅	
	19 57	☽⚼♄	b
28	00 21	☽♏	
Th	00 40	☽□♇	B
	05 30	☽⚼♃	b
	11 49	☽□♂	B
	14 05	☽⚺☉	g
	14 42	☽∠☿	b
29	00 43	☽⚼♆	b
Fr	02 07	☽△♄	G
	02 15	☽⋕♅	B
	16 26	☽⋕♂	B
	18 51	☽✶♀	G
	18 57	☽∥☉	G
	19 13	☽⚺☿	g
	21 26	☿⚺♀	
	22 02	☽⋕♃	G
30	01 32	☽☍♅	B
Sa	05 24	☽∥♇	D
	06 19	☽△♆	G
	07 53	☽∥☿	G
	10 39	☽∥♀	G
	11 53	☽♐	
	12 18	☽✶♇	G
	14 34	☿⚼♂	
	23 23	☽△♂	G

DECEMBER

1	03 08	☽∠♀	b
Su	06 21	☽☌☉	D

Day	Time	Aspect	
	07 39	☿∥♇	
	08 34	♀±♃	
	12 49	☽□♄	B
	17 16	☽∠♇	b
	20 45	☽☍♃	B
2	01 29	☽☌☿	G
Mo	04 14	☽⚼♂	b
	10 39	☽⚺♀	g
	14 43	♀△♅	
	15 47	☽□♆	B
	18 26	☿⊥♀	
	21 09	☽♑	
	21 23	☉#♃	
	21 39	☽⚺♇	g
3	14 57	☽⚼♅	b
Tu	18 28	☉∥☿	
	19 43	☽⚺☉	g
	21 17	☽⚹♄	G
4	01 29	☿#♃	
We	02 38	♀∥♇	
	04 43	☽⚺☿	g
	10 16	☿☍♃	
	16 18	☉□♄	
	18 24	☽△♅	G
	18 52	♀⚹♆	
	23 09	☽⚹♆	G
	23 34	☽☌♀	G
5	00 46	☽∠♄	b
Th	01 27	☽∠☉	b
	04 21	☽♒	
	04 56	☽☌♇	D
	05 31	☽∠☿	b
	07 15	☽⚼♃	b
	11 02	☿∠♇	
	12 58	☽∥♇	D
	13 34	☿#♂	
	13 40	♀∠♄	
	15 08	☽∥♀	G
	15 28	☽☍♂	B
	17 37	☽∥☉	G
	19 56	☽#♃	G
	23 39	☽#♂	B
6	00 56	☽∥☿	G
Fr	02 10	☽∠♆	b
	02 18	☉☌☿	
	03 50	☽⚺♄	g
	05 56	☽⚹☿	G
	06 38	☽⚹☉	G
	09 49	☿∠♀	
	09 53	☽△♃	G
	13 46	☽#♅	B
	19 16	☉∥♀	
	23 33	♂Stat	
	23 57	☉∠♇	
7	00 01	☽□♅	B
Sa	01 53	☿□♄	
	04 46	☽⚺♆	g
	06 13	♀♒	
	09 49	☽♓	
	10 09	☽⚺♀	g
	10 29	☽⚺♇	g
	14 08	♀☌♇	
	20 58	☉☍♃	
	23 42	♆Stat	
8	05 58	☽□☿	B
Su	07 07	♀⚼♃	
	07 47	☽∥♄	B
	08 43	☽☌♄	B
	12 38	☽∠♇	b
	13 56	☽□♃	B
	14 37	☽∠♀	b
	15 27	☽□☉	B
	21 48	♀#♃	
	22 30	☽⚼♂	b
9	04 00	☽⚹♅	G
Mo	06 20	☽∥♆	D
	08 45	☽☌♆	D
	13 38	☽♈	
	14 22	☽⚹♇	G
	18 33	☽⚹♀	G
	22 54	☽#♆	D
	23 59	☽△♂	G
10	05 19	☽△☿	G
Tu	05 23	☽∠♅	b
	09 07	♀#♂	
	11 59	☽⚺♄	g
	16 24	☽⚹♃	G
	20 47	☽#♄	B
	22 13	☽△☉	G
11	04 53	☽⚼☿	b
We	06 25	☽⚺♅	g
	11 10	☽⚺♆	g
	13 04	☽∠♄	b
	15 55	☽♉	
	16 43	☽□♇	B
	17 08	☽∠♃	b
	22 45	☉∠♀	
12	01 00	☽⚼☉	b
Th	01 01	☽□♀	B
	01 50	☽□♂	B
	10 46	♀☍♂	
	11 57	☽∠♆	b
	12 11	☉⚼♂	
	12 24	☽∥♅	B
	13 32	☽#☿	G
	13 55	☽⚹♄	G
	17 39	☽⚺♃	g
	22 54	☽#♀	G
13	03 38	☽∥♂	B
Fr	04 39	☽∥♃	G
	06 04	♃⚼♇	
	07 45	☿⚹♀	
	07 49	☽☌♅	B
	11 05	☽#☉	G
	11 15	☽#♇	D
	12 39	☽⚹♆	G
	16 28	♀⊥♄	
	17 22	☽♊	
	18 15	☽△♇	G
	21 31	☉∥♇	
14	02 58	☽⚹♂	G
Sa	04 20	☽☍☿	B
	06 40	☽△♀	G
	15 34	☽□♄	B
	18 43	☽☌♃	G
	19 07	☽⚼♇	b
15	03 43	☽∠♂	b
Su	09 02	☽☍☉	B
	09 27	☽⚺♅	g
	09 48	☽⚼♀	b
	13 43	♂∥♃	
	14 32	☽□♆	B
	14 44	☉∇♅	
	19 21	☽♋	
	20 57	☿Stat	
16	02 03	☉⊥♇	
Mo	04 52	☽⚺♂	g
	10 53	☽∠♅	b
	18 34	☽△♄	G
	21 11	☽⚺♃	g
17	08 38	☽⚼☿	b
Tu	13 02	☽⚹♅	G
	18 33	☽△♆	G
	21 08	☽⚼♄	b
	21 33	♀∠♆	
	23 28	☽∠♃	b
	23 39	☽♌	
18	00 50	☽☍♇	B
We	06 55	☽#☉	G
	08 13	☽#♇	D
	09 13	☽☌♂	B
	12 14	☽△☿	G
	14 10	☽∥♂	B
	14 29	☉□♆	
	15 46	☽∥♃	G
	21 52	☽⚼♆	b
	22 30	☽⚼☉	b
	23 30	☿∥♀	
19	00 10	☽☍♀	B
Th	02 40	☽⚹♃	G
	05 52	♀⚺♄	
	08 15	☽#☿	G
	09 17	☽#♀	G
	10 02	☽∥♅	B
	19 14	♀#♅	
	20 04	☽□♅	B
20	02 11	♀△♃	
Fr	05 19	☽△☉	G
	07 37	☽♍	
	08 29	☉±♂	
	17 05	☽⚺♂	g
	23 46	☽□☿	B
21	07 48	☉±♅	
Sa	09 00	☽#♄	B
	09 20	☉♑	
	10 39	☽☍♄	B
	11 55	☽□♃	B
	14 31	☽⚼♇	b
	22 16	☽∠♂	b
22	03 32	☉⚺♇	
Su	06 49	☽△♅	G
	10 07	☽#♆	D
	13 27	☽☍♆	B
	19 08	☽♎	
	20 44	☽△♇	G
	22 18	☽□☉	B
23	01 03	☽⚼♀	b
Mo	03 59	☽⚹♂	G
	05 35	☽∥♆	D
	06 32	☉Q♄	
	13 08	☽⚼♅	b
	16 22	☽⚹☿	G
	23 51	☽△♃	G
24	06 51	☽∥♄	B
Tu	10 44	☽△♀	G
	21 59	♃□♄	
25	01 36	☽∠☿	b
We	05 00	☉∇♂	
	06 03	☽⚼♃	b
	06 10	☽⚼♄	b
	08 06	☽♏	
	09 51	☽□♇	B
	15 44	☽□♂	B
	17 00	☽⚹☉	G
	20 14	☽∥♀	G
26	00 48	♀⊥♆	
Th	08 01	☽#♅	B
	08 43	☽⚼♆	b
	10 43	☽⚺☿	g
	12 31	☽△♄	G
	19 54	☽∥☿	G
	22 48	☿☍♃	
27	01 43	☽∠☉	b
Fr	03 10	☽#♃	G
	05 08	☽□♀	B
	07 29	☿□♄	
	07 34	☽☍♅	B
	10 57	☽#♂	B
	11 31	☽∥♇	D
	12 32	☽∥☉	G
	14 24	☽△♆	G
	19 46	☽♐	
	21 36	☽⚹♇	G
28	01 50	☽△♂	G
Sa	05 30	♂#♇	
	07 42	♀□♅	
	09 35	☽⚺☉	g
	20 30	☿∠♇	
	21 50	☽☍♃	B
	22 56	☉#♂	
	23 15	☽□♄	B
29	02 25	☽∠♇	b
Su	03 01	☽☌☿	G
	05 50	☽⚼♂	b
	20 03	☽⚹♀	G
	21 58	☉⚼♅	
	23 34	☽□♆	B
30	03 07	☿⚼♂	
Mo	04 37	☽♑	
	06 29	☽⚺♇	g
	08 26	☉∥♇	
	20 31	☽⚼♅	b
	22 27	☽☌☉	D
31	02 05	☽∠♀	b
Tu	07 03	☽⚹♄	G
	09 13	☿#♃	
	14 38	♀⚺♆	
	16 00	☽⚺☿	g
	23 30	☽△♅	G

Longitudes of Chiron, 4 larger asteroids, and the Black Moon Lilith 2024

	Date	Chiron ⚷ ° '	Ceres ⚳ ° '	Pallas ⚴ ° '	Juno ⚵ ° '	Vesta ⚶ ° '	Black Moon Lilith ⚸ ° '
JAN	01	15 ♈ 28	15 ♐ 39	17 ♏ 46	21 ♍ 22	26 ♊ 52	10 ♍ 02
	11	15 ♈ 34	19 ♐ 41	21 ♏ 29	21 ♍ 52	24 ♊ 37	11 ♍ 09
	21	15 ♈ 45	23 ♐ 37	25 ♏ 00	21 ♍ 37	22 ♊ 57	12 ♍ 15
	31	16 ♈ 01	27 ♐ 26	28 ♏ 15	20 ♍ 37	21 ♊ 59	13 ♍ 22
FEB	01	16 ♈ 03	27 ♐ 48	28 ♏ 33	20 ♍ 28	21 ♊ 55	13 ♍ 29
	11	16 ♈ 24	01 ♑ 27	01 ♐ 27	18 ♍ 44	21 ♊ 47	14 ♍ 35
	21	16 ♈ 50	04 ♑ 55	03 ♐ 58	16 ♍ 28	22 ♊ 22	15 ♍ 42
	31	17 ♈ 19	08 ♑ 11	06 ♐ 01	13 ♍ 58	23 ♊ 35	16 ♍ 49
MAR	01	17 ♈ 16	07 ♑ 52	05 ♐ 50	14 ♍ 13	23 ♊ 26	16 ♍ 42
	11	17 ♈ 47	10 ♑ 54	07 ♐ 25	11 ♍ 44	25 ♊ 10	17 ♍ 49
	21	18 ♈ 20	13 ♑ 40	08 ♐ 21	09 ♍ 31	27 ♊ 23	18 ♍ 55
	31	18 ♈ 55	16 ♑ 06	08 ♐ 35	07 ♍ 49	00 ♋ 01	20 ♍ 02
APR	01	18 ♈ 59	16 ♑ 19	08 ♐ 34	07 ♍ 41	00 ♋ 18	20 ♍ 09
	11	19 ♈ 34	18 ♑ 20	07 ♐ 56	06 ♍ 40	03 ♋ 18	21 ♍ 15
	21	20 ♈ 09	19 ♑ 54	06 ♐ 29	06 ♍ 18	06 ♋ 36	22 ♍ 22
	31	20 ♈ 44	20 ♑ 59	04 ♐ 18	06 ♍ 34	10 ♋ 08	23 ♍ 28
MAY	01	20 ♈ 44	20 ♑ 59	04 ♐ 18	06 ♍ 34	10 ♋ 08	23 ♍ 28
	11	21 ♈ 16	21 ♑ 30	01 ♐ 34	07 ♍ 24	13 ♋ 52	24 ♍ 35
	21	21 ♈ 47	21 ♑ 25	28 ♏ 33	08 ♍ 44	17 ♋ 46	25 ♍ 41
	31	22 ♈ 14	20 ♑ 44	25 ♏ 38	10 ♍ 29	21 ♋ 48	26 ♍ 48
JUN	01	22 ♈ 17	20 ♑ 38	25 ♏ 22	10 ♍ 40	22 ♋ 13	26 ♍ 55
	11	22 ♈ 41	19 ♑ 19	22 ♏ 54	12 ♍ 49	26 ♋ 24	28 ♍ 01
	21	23 ♈ 00	17 ♑ 32	21 ♏ 06	15 ♍ 14	00 ♌ 41	29 ♍ 08
	31	23 ♈ 16	15 ♑ 25	20 ♏ 03	17 ♍ 55	05 ♌ 03	00 ♎ 14
JUL	01	23 ♈ 16	15 ♑ 25	20 ♏ 03	17 ♍ 55	05 ♌ 03	00 ♎ 14
	11	23 ♈ 26	13 ♑ 14	19 ♏ 47	20 ♍ 47	09 ♌ 30	01 ♎ 21
	21	23 ♈ 31	11 ♑ 10	20 ♏ 14	23 ♍ 49	14 ♌ 02	02 ♎ 27
	31	23 ♈ 31	09 ♑ 27	21 ♏ 19	26 ♍ 59	18 ♌ 36	03 ♎ 33
AUG	01	23 ♈ 31	09 ♑ 19	21 ♏ 27	27 ♍ 19	19 ♌ 04	03 ♎ 40
	11	23 ♈ 25	08 ♑ 09	23 ♏ 08	00 ♎ 36	23 ♌ 42	04 ♎ 47
	21	23 ♈ 15	07 ♑ 34	25 ♏ 16	03 ♎ 59	28 ♌ 22	05 ♎ 53
	31	22 ♈ 59	07 ♑ 34	27 ♏ 47	07 ♎ 26	03 ♍ 04	06 ♎ 59
SEP	01	22 ♈ 58	07 ♑ 36	28 ♏ 03	07 ♎ 46	03 ♍ 33	07 ♎ 06
	11	22 ♈ 38	08 ♑ 15	00 ♐ 54	11 ♎ 17	08 ♍ 17	08 ♎ 13
	21	22 ♈ 14	09 ♑ 24	04 ♐ 01	14 ♎ 49	13 ♍ 01	09 ♎ 19
	31	21 ♈ 49	11 ♑ 02	07 ♐ 20	18 ♎ 22	17 ♍ 47	10 ♎ 25
OCT	01	21 ♈ 49	11 ♑ 02	07 ♐ 20	18 ♎ 22	17 ♍ 47	10 ♎ 25
	11	21 ♈ 22	13 ♑ 04	10 ♐ 49	21 ♎ 56	22 ♍ 32	11 ♎ 32
	21	20 ♈ 54	15 ♑ 28	14 ♐ 27	25 ♎ 28	27 ♍ 17	12 ♎ 38
	31	20 ♈ 28	18 ♑ 09	18 ♐ 11	29 ♎ 00	01 ♎ 59	13 ♎ 45
NOV	01	20 ♈ 25	18 ♑ 26	18 ♐ 34	29 ♎ 21	02 ♎ 27	13 ♎ 51
	11	20 ♈ 01	21 ♑ 24	22 ♐ 24	02 ♏ 50	07 ♎ 07	14 ♎ 58
	21	19 ♈ 39	24 ♑ 35	26 ♐ 17	06 ♏ 15	11 ♎ 43	16 ♎ 04
	31	19 ♈ 22	27 ♑ 57	00 ♑ 13	09 ♏ 35	16 ♎ 15	17 ♎ 11
DEC	01	19 ♈ 22	27 ♑ 57	00 ♑ 13	09 ♏ 35	16 ♎ 15	17 ♎ 11
	11	19 ♈ 09	01 ♒ 28	04 ♑ 10	12 ♏ 48	20 ♎ 39	18 ♎ 17
	21	19 ♈ 02	05 ♒ 06	08 ♑ 08	15 ♏ 54	24 ♎ 55	19 ♎ 24
	31	19 ♈ 00	08 ♒ 49	12 ♑ 04	18 ♏ 51	29 ♎ 01	20 ♎ 30

Note: The Distances Apart are in Declination

JANUARY

Day	h	m	Aspect	°	′
2	14	50	☽☍♆	0	53
5	23	35	☽☍♃	2	18
7	01	24	☽☍♅	2	36
8	18	44	☽☌♀	5	33
9	18	25	☽☌☿	6	35
10	08	46	☽☌♂	4	10
11	11	57	☽☌☉	4	56
12	02	33	☽☌♇	2	06
14	10	50	☽☌♄	1	48
15	21	03	☽☌♆	0	46
18	19	05	☽☌♃	2	24
19	18	11	☽☌♅	2	41
20	13	46	☉☌♇	2	44
22	20	40	☽☍♀	5	48
23	20	53	☽☍☿	4	53
24	01	44	☽☍♂	4	12
25	07	53	☽☍♇	2	04
25	17	54	☽☍☉	4	39
27	14	59	☿☌♂	0	15
28	07	20	☽☍♄	1	38
29	23	20	☽☍♆	0	38

FEBRUARY

Day	h	m	Aspect	°	′
2	11	17	☽☍♃	2	35
3	09	55	☽☍♅	2	50
5	12	58	☿☌♇	1	19
7	20	12	☽☌♀	5	19
8	07	52	☽☌♂	4	02
8	14	57	☽☌♇	2	04
8	23	25	☽☌☿	2	59
9	22	59	☽☌☉	4	01
11	01	45	☽☌♄	1	31
12	07	11	☽☌♆	0	33
14	06	06	♂☌♇	1	50
15	06	31	☽☌♃	2	45
16	00	27	☽☌♅	2	56
17	08	48	♀☌♇	2	37
21	15	37	☽☍♇	2	04
22	03	02	☽☍♀	4	18
22	03	13	☽☍♂	3	41
22	07	14	♀☌♂	0	36
24	04	52	☽☍☿	1	29
24	12	30	☽☍☉	3	08
24	20	24	☽☍♄	1	22
26	07	35	☽☍♆	0	28
28	08	43	☉☌☿	1	42
28	15	07	☿☌♄	0	10
28	21	25	☉☌♄	1	30

MARCH

Day	h	m	Aspect	°	′
1	01	40	☽☍♃	3	00
1	17	53	☽☍♅	3	03
7	02	54	☽☌♇	2	06
8	06	51	☽☌♂	3	07
8	15	06	☿☌♆	0	24
8	18	56	☽☌♀	2	50
9	18	23	☽☌♄	1	15
10	09	00	☽☌☉	2	04
10	19	45	☽☌♆	0	25
11	03	15	☽☌☿	0	50
13	23	13	☽☌♃	3	11
14	10	00	☽☌♅	3	08
17	11	22	☉☌♆	1	07
19	22	49	☽☍♇	2	06
21	23	09	♀☌♄	0	18
22	06	34	☽☍♂	2	27
23	09	17	☽☍♄	1	08
23	12	54	☽☍♀	1	17
24	15	49	☽☍♆	0	23
25	07	00	☽☍☉	0	53
26	23	09	☽☍☿	1	44
28	17	59	☽☍♃	3	25
29	01	46	☽☍♅	3	12

APRIL

Day	h	m	Aspect	°	′
3	12	23	☽☌♇	2	05
3	13	10	♀☌♆	0	15
6	05	08	☽☌♂	1	38
6	10	10	☽☌♄	1	00
7	08	27	☽☌♆	0	21
7	16	22	☽☌♀	0	19
8	18	21	☽☌☉	0	19
9	02	39	☽☌☿	1	49
10	19	19	☽☌♃	3	37
10	20	36	♂☌♄	0	24
10	22	18	☽☌♅	3	14
11	23	03	☉☌☿	2	04
16	06	23	☽☍♇	2	02
19	08	59	☿☌♀	1	34
19	21	53	☽☍♄	0	52
20	11	09	☽☍♂	0	47
21	00	19	☽☍♆	0	18
21	02	27	♃☌♅	0	29
22	12	10	☽☍☿	0	36
22	23	24	☽☍♀	1	49
23	23	49	☽☍☉	1	35
25	10	26	☽☍♅	3	17
25	11	55	☽☍♃	3	49
29	04	31	♂☌♆	0	02
30	19	00	☽☌♇	1	56

MAY

Day	h	m	Aspect	°	′
3	23	04	☽☌♄	0	41
4	19	06	☽☌♆	0	13
5	02	17	☽☌♂	0	09
6	05	57	☽☌☿	3	09
7	14	05	☽☌♀	3	04
8	03	22	☽☌☉	2	42
8	11	19	☽☌♅	3	19
8	16	30	☽☌♃	4	01
13	09	13	☉☌♅	0	15
13	14	35	☽☍♇	1	51
17	09	48	☽☍♄	0	31
18	09	09	☽☍♆	0	08
18	11	40	♀☌♅	0	26
18	18	45	☉☌♃	0	43
19	15	48	☽☍♂	1	06
21	14	18	☽☍☿	4	33
22	20	24	☽☍♅	3	23
23	07	07	☽☍♀	4	02
23	07	13	☽☍♃	4	14
23	08	29	♀☌♃	0	11
23	13	53	☽☍☉	3	45
28	00	10	☽☌♇	1	43
31	05	54	☿☌♅	1	15
31	08	24	☽☌♄	0	19

JUNE

Day	h	m	Aspect	°	′
1	02	55	☽☌♆	0	01
2	22	04	☽☌♂	2	01
4	10	23	☿☌♃	0	07
4	15	33	☉☌♀	0	04
4	23	04	☽☌♅	3	27
5	12	49	☽☌♃	4	26
5	16	46	☽☌☿	4	28
6	12	38	☽☌☉	4	28
6	13	36	☽☌♀	4	29
9	22	50	☽☍♇	1	37
13	20	18	☽☍♄	0	07
14	16	32	☉☌☿	0	57
14	17	54	☽☍♆	0	07
17	12	43	☿☌♀	0	53
17	19	10	☽☍♂	2	55
19	07	24	☽☍♅	3	33
20	03	22	☽☍♃	4	40
22	01	08	☽☍☉	4	55
22	10	20	☽☍♀	4	21
22	19	25	☽☍☿	3	12
24	05	50	☽☌♇	1	31
27	14	57	☽☌♄	0	04
28	08	44	☽☌♆	0	14

JULY

Day	h	m	Aspect	°	′
1	16	19	☽☌♂	3	40
2	08	29	☽☌♅	3	40
3	07	05	☽☌♃	4	52
3	07	27	☿☍♇	1	25
5	22	57	☽☌☉	4	58
6	16	27	☽☌♀	3	44
7	06	16	☽☍♇	1	27
7	20	23	☽☌☿	2	58
11	04	27	☽☍♄	0	13
12	01	55	☽☍♆	0	22
12	14	12	♀☍♇	1	55
15	14	05	♂☌♅	0	31
16	18	31	☽☍♅	3	49
16	20	06	☽☍♂	4	23
17	23	20	☽☍♃	5	06
21	10	17	☽☍☉	4	38
21	13	14	☽☌♇	1	25
22	09	39	☽☍♀	2	39
23	05	38	☉☍♇	3	09
23	09	58	☽☍☿	4	12
24	20	31	☽☌♄	0	19
25	14	31	☽☌♆	0	28
29	15	47	☽☌♅	3	56
30	09	01	☽☌♂	4	50
30	22	45	☽☌♃	5	17

AUGUST

Day	h	m	Aspect	°	′
3	12	18	☽☍♇	1	25
4	11	13	☽☌☉	4	01
5	23	24	☽☌♀	1	28
6	05	19	☽☌☿	6	21
7	09	44	☽☍♄	0	23
8	03	12	☿☌♀	5	22
8	08	40	☽☍♆	0	32
13	04	24	☽☍♅	4	04
14	15	22	♂☌♃	0	18
14	17	35	☽☍♃	5	29
14	17	41	☽☍♂	5	11
17	22	13	☽☌♇	1	28
19	01	58	☉☌☿	4	14
19	08	30	♀☍♄	0	45
19	16	32	☽☍☿	7	22
19	18	26	☽☍☉	3	07
21	02	45	☽☌♄	0	23
21	06	44	☽☍♀	0	13
21	21	54	☽☌♆	0	34
25	22	15	☽☌♅	4	09
27	11	50	☽☌♃	5	37
28	00	00	☽☌♂	5	16
28	20	25	♀☍♆	0	11
30	17	14	☽☍♇	1	30

SEPTEMBER

Day	h	m	Aspect	°	′
1	12	36	☽☌☿	4	21
3	01	56	☽☌☉	2	06
3	12	37	☽☍♄	0	20
4	14	05	☽☍♆	0	34
5	09	12	☽☌♀	0	57
8	04	35	☉☍♄	2	01
9	11	58	☽☍♅	4	13
11	08	07	☽☍♃	5	45
12	10	56	☽☍♂	5	09
14	07	35	☽☌♇	1	33
17	06	55	☽☍☿	0	18
17	10	11	☽☌♄	0	15
18	02	34	☽☍☉	0	55
18	07	10	☽☌♆	0	32
18	08	50	☿☍♄	0	21
20	03	14	☽☍♀	1	55
21	00	17	☉☍♆	1	13
22	05	29	☽☌♅	4	14
23	22	39	☽☌♃	5	48
25	11	07	☿☍♆	0	20
25	12	40	☽☌♂	4	51
26	22	12	☽☍♇	1	34
30	14	38	☽☍♄	0	10
30	21	09	☉☌☿	1	12

OCTOBER

Day	h	m	Aspect	°	′
1	18	42	☽☍♆	0	30
2	18	49	☽☌☉	0	17
2	22	21	☽☌☿	1	28
5	18	28	☽☌♀	2	41
6	17	09	☽☍♅	4	13
8	17	10	☽☍♃	5	48
10	22	22	☽☍♂	4	19
11	15	53	☽☌♇	1	34
14	18	09	☽☌♄	0	06
14	22	22	♀☍♅	1	13
15	17	09	☽☌♆	0	29
17	11	26	☽☍☉	1	31
18	07	15	☽☍☿	1	59
19	14	11	☽☌♅	4	10
20	00	30	☽☍♀	3	05
21	07	25	☽☌♃	5	46
23	21	20	☽☌♂	3	45
24	04	47	☽☍♇	1	32
27	17	56	☽☍♄	0	03
28	23	31	☽☍♆	0	28
30	22	15	☿☍♅	2	06

NOVEMBER

Day	h	m	Aspect	°	′
1	12	47	☽☌☉	2	42
2	21	06	☽☍♅	4	06
3	06	37	☽☌☿	2	00
3	11	37	♂☍♇	1	45
3	15	25	♀☍♃	2	35
4	20	32	☽☍♃	5	41
4	23	51	☽☌♀	3	05

DISTANCES APART OF ALL ☌s AND ☍s IN 2024

Note: The Distances Apart are in Declination

d	h m		° ′	d	h m		° ′	d	h m		° ′	d	h m		° ′
7	22 38	☽☌♇	1 26	20	22 15	☽☌♂	2 16	5	15 28	☽☍♂	1 27	18	09 13	☽☌♂	0 50
8	01 15	☽☍♂	2 58	24	00 24	☽☍♄	0 07	6	02 18	☉☌☿	1 23	19	00 10	☽☍♀	1 37
11	01 39	☽☌♄	0 04	25	05 35	☽☍♆	0 34	7	14 08	♀☌♇	0 51	21	10 39	☽☍♄	0 23
12	02 01	☽☌♆	0 30	30	01 32	☽☍♅	4 01	7	20 58	☉☍♃	0 40	22	13 27	☽☍♆	0 47
15	21 28	☽☍☉	3 43	DECEMBER				8	08 43	☽☌♄	0 15	26	22 48	☿☍♃	1 11
15	23 32	☽☌♅	4 03					9	08 45	☽☌♆	0 40	27	07 34	☽☍♅	4 04
17	02 45	☉☍♅	0 15	1	06 21	☽☌☉	4 31	12	10 46	♀☍♂	0 45	28	21 50	☽☍♃	5 20
17	12 41	☽☍☿	2 17	1	20 45	☽☍♃	5 28	13	07 49	☽☌♅	4 02	29	03 01	☽☌☿	6 19
17	14 07	☽☌♃	5 35	2	01 29	☽☌☿	4 54	14	04 20	☽☍☿	7 13	30	22 27	☽☌☉	4 56
18	08 55	☿☍♃	3 15	4	10 16	☿☍♃	0 10	14	18 43	☽☌♃	5 24				
18	23 35	☽☍♀	2 46	4	23 34	☽☌♀	2 09	15	09 02	☽☍☉	4 56				
20	13 52	☽☍♇	1 21	5	04 56	☽☌♇	1 13	18	00 50	☽☍♇	1 08				

PHENOMENA IN 2024

d h JANUARY
1 15 ☽ in Apogee
3 01 ⊕ in perihelion
3 08 ☽ Zero Dec.
10 07 ☽ Max. Dec.28°S11′
12 15 ☿ Gt.Elong. 24 ° W.
13 10 ☽ in Perigee
16 10 ☽ Zero Dec.
23 04 ☽ Max. Dec.28°N13′
23 08 ☿ ☋
29 08 ☽ in Apogee
30 14 ☽ Zero Dec.

FEBRUARY
2 17 ☿ in aphelion
6 17 ☽ Max. Dec.28°S19′
10 19 ☽ in Perigee
12 18 ☽ Zero Dec.
14 00 ♀ ☋
19 09 ☽ Max. Dec.28°N23′
25 15 ☽ in Apogee
26 20 ☽ Zero Dec.

MARCH
5 02 ☽ Max. Dec.28°S29′
10 07 ☽ in Perigee
11 05 ☽ Zero Dec.
13 00 ☿ ☊
17 15 ☽ Max. Dec.28°N32′
17 17 ☿ in perihelion
19 22 ♀ in aphelion
20 03 ☉ enters ♈,Equinox
23 15 ☽ in Apogee
24 23 ☿ Gt.Elong. 19 ° E.
25 02 ☽ Zero Dec.
25 07 ◗ Partial eclipse

APRIL
1 09 ☽ Max. Dec.28°S34′
7 16 ☽ Zero Dec.
7 18 ☽ in Perigee
8 18 ● Total eclipse
13 23 ☽ Max. Dec.28°N34′
20 02 ☽ in Apogee
20 07 ☿ ☋
21 09 ☽ Zero Dec.
28 14 ☽ Max. Dec.28°S31′
30 16 ☿ in aphelion

d h MAY
5 01 ☽ Zero Dec.
5 22 ☽ in Perigee
8 11 ♂ in perihelion
9 21 ☿ Gt.Elong. 26 ° W.
11 08 ☽ Max. Dec.28°N29′
17 19 ☽ in Apogee
18 16 ☽ Zero Dec.
25 20 ☽ Max. Dec.28°S25′

JUNE
1 07 ☽ Zero Dec.
2 07 ☽ in Perigee
6 03 ♀ ☊
7 17 ☽ Max. Dec.28°N23′
9 00 ☿ ☊
13 16 ☿ in perihelion
14 14 ☽ in Apogee
14 23 ☽ Zero Dec.
20 21 ☉ enters ♋,Solstice
22 03 ☽ Max. Dec.28°S21′
27 12 ☽ in Perigee
28 12 ☽ Zero Dec.

JULY
5 00 ☽ Max. Dec.28°N22′
5 05 ⊕ in aphelion
10 05 ♀ in perihelion
12 06 ☽ Zero Dec.
12 08 ☽ in Apogee
17 06 ☿ ☋
19 11 ☽ Max. Dec.28°S25′
22 07 ☿ Gt.Elong. 27 ° E.
24 06 ☽ in Perigee
25 17 ☽ Zero Dec.
27 16 ☿ in aphelion

AUGUST
1 06 ☽ Max. Dec.28°N28′
8 12 ☽ Zero Dec.
9 02 ☽ in Apogee
15 20 ☽ Max. Dec.28°S34′
21 05 ☽ in Perigee
22 01 ☽ Zero Dec.
28 11 ☽ Max. Dec.28°N37′

d h SEPTEMBER
4 19 ☽ Zero Dec.
4 23 ☿ ☊
5 03 ☿ Gt.Elong. 18 ° W.
5 15 ☽ in Apogee
6 02 ♂ ☊
9 15 ☿ in perihelion
12 05 ☽ Max. Dec.28°S41′
18 03 ◗ Partial eclipse
18 11 ☽ Zero Dec.
18 13 ☽ in Perigee
22 13 ☉ enters ♎,Equinox
24 17 ☽ Max. Dec.28°N42′
25 16 ♀ ☋

OCTOBER
2 01 ☽ Zero Dec.
2 19 ● Annular eclipse
2 20 ☽ in Apogee
9 12 ☽ Max. Dec.28°S42′
13 06 ☿ ☋
15 22 ☽ Zero Dec.
17 01 ☽ in Perigee
22 01 ☽ Max. Dec.28°N40′
23 15 ☿ in aphelion
29 07 ☽ Zero Dec.
29 23 ☽ in Apogee
30 14 ♀ in aphelion

NOVEMBER
5 17 ☽ Max. Dec.28°S35′
12 08 ☽ Zero Dec.
14 11 ☽ in Perigee
16 08 ☿ Gt.Elong. 23 ° E.
18 10 ☽ Max. Dec.28°N32′
25 13 ☽ Zero Dec.
26 12 ☽ in Apogee

DECEMBER
1 22 ☿ ☊
2 22 ☽ Max. Dec.28°S28′
6 14 ☿ in perihelion
9 15 ☽ Zero Dec.
12 13 ☽ in Perigee
15 20 ☽ Max. Dec.28°N26′
21 09 ☉ enters ♑,Solstice
22 20 ☽ Zero Dec.
24 07 ☽ in Apogee
25 02 ☿ Gt.Elong. 22 ° W.
30 05 ☽ Max. Dec.28°S26′

LOCAL MEAN TIME OF SUNRISE FOR LATITUDES 60° North to 50° South FOR ALL SUNDAYS IN 2024 (ALL TIMES ARE A.M.)

Date	Northern Latitudes									Southern Latitudes				
	LONDON	60°	55°	50°	40°	30°	20°	10°	0°	10°	20°	30°	40°	50°
2023	h m	h m	h m	h m	h m	h m	h m	h m	h m	h m	h m	h m	h m	h m
Dec 31	8 5	9 2	8 25	7 58	7 21	6 55	6 34	6 16	5 59	5 41	5 23	5 1	4 33	3 54
2024														
Jan 7	8 4	8 58	8 23	7 57	7 21	6 56	6 36	6 19	6 2	5 46	5 27	5 6	4 40	4 1
14	8 0	8 49	8 17	7 53	7 20	6 56	6 37	6 21	6 5	5 49	5 32	5 12	4 47	4 11
21	7 53	8 38	8 9	7 48	7 17	6 55	6 37	6 22	6 8	5 52	5 37	5 18	4 55	4 21
28	7 45	8 24	7 58	7 40	7 12	6 53	6 36	6 22	6 9	5 56	5 41	5 25	5 3	4 33
Feb 4	7 34	8 7	7 46	7 29	7 6	6 48	6 34	6 22	6 10	5 58	5 46	5 30	5 12	4 45
11	7 22	7 50	7 32	7 18	6 58	6 44	6 32	6 21	6 11	6 0	5 49	5 37	5 20	4 58
18	7 9	7 31	7 17	7 6	6 49	6 37	6 27	6 19	6 11	6 2	5 52	5 42	5 29	5 11
25	6 55	7 11	7 0	6 53	6 40	6 31	6 23	6 16	6 10	6 3	5 56	5 48	5 37	5 23
Mar 3	6 39	6 51	6 44	6 38	6 30	6 23	6 18	6 13	6 8	6 3	5 59	5 52	5 45	5 35
10	6 24	6 31	6 26	6 23	6 19	6 15	6 12	6 10	6 7	6 4	6 0	5 57	5 52	5 46
17	6 9	6 9	6 9	6 8	6 8	6 7	6 6	6 5	6 4	6 4	6 3	6 1	6 0	5 58
24	5 52	5 48	5 51	5 53	5 56	5 59	6 0	6 1	6 2	6 3	6 5	6 6	6 7	6 9
31	5 37	5 27	5 33	5 38	5 45	5 50	5 54	5 58	6 0	6 3	6 7	6 10	6 14	6 20
Apr 7	5 20	5 5	5 15	5 23	5 34	5 41	5 48	5 53	5 59	6 3	6 9	6 14	6 21	6 31
14	5 5	4 45	4 58	5 8	5 23	5 34	5 42	5 49	5 57	6 3	6 11	6 19	6 28	6 41
21	4 51	4 24	4 41	4 54	5 13	5 26	5 37	5 47	5 55	6 3	6 12	6 22	6 35	6 52
28	4 37	4 5	4 26	4 41	5 3	5 19	5 32	5 43	5 54	6 4	6 15	6 27	6 42	7 3
May 5	4 23	3 46	4 10	4 29	4 54	5 13	5 28	5 41	5 53	6 5	6 18	6 32	6 49	7 13
12	4 12	3 28	3 57	4 18	4 47	5 8	5 25	5 39	5 52	6 6	6 20	6 36	6 56	7 23
19	4 1	3 12	3 45	4 8	4 41	5 4	5 22	5 38	5 52	6 8	6 22	6 41	7 2	7 32
26	3 54	2 58	3 34	4 0	4 36	5 1	5 20	5 37	5 53	6 9	6 25	6 45	7 8	7 41
Jun 2	3 47	2 47	3 27	3 55	4 32	4 59	5 19	5 37	5 54	6 11	6 28	6 48	7 13	7 48
9	3 43	2 39	3 22	3 51	4 30	4 58	5 19	5 38	5 56	6 12	6 31	6 52	7 18	7 54
16	3 42	2 36	3 20	3 50	4 30	4 58	5 20	5 39	5 57	6 14	6 33	6 54	7 20	7 58
23	3 43	2 37	3 21	3 51	4 31	5 0	5 22	5 41	5 59	6 16	6 34	6 56	7 22	8 0
30	3 46	2 41	3 25	3 55	4 34	5 2	5 24	5 42	6 0	6 17	6 35	6 56	7 22	8 0
Jul 7	3 52	2 50	3 32	3 59	4 38	5 5	5 26	5 45	6 1	6 18	6 35	6 56	7 21	7 57
14	3 59	3 2	3 40	4 7	4 43	5 8	5 28	5 46	6 2	6 18	6 35	6 55	7 18	7 52
21	4 8	3 16	3 50	4 15	4 49	5 13	5 31	5 48	6 2	6 18	6 33	6 52	7 14	7 45
28	4 18	3 32	4 3	4 24	4 55	5 16	5 34	5 49	6 2	6 16	6 31	6 47	7 8	7 37
Aug 4	4 29	3 48	4 15	4 34	5 2	5 21	5 37	5 50	6 2	6 14	6 28	6 43	7 1	7 26
11	4 40	4 6	4 28	4 44	5 8	5 25	5 38	5 50	6 1	6 12	6 24	6 36	6 53	7 15
18	4 51	4 22	4 41	4 54	5 14	5 29	5 40	5 51	6 0	6 10	6 19	6 30	6 44	7 1
25	5 2	4 39	4 53	5 5	5 21	5 33	5 42	5 51	5 59	6 6	6 13	6 22	6 33	6 47
Sep 1	5 13	4 55	5 7	5 15	5 28	5 37	5 44	5 50	5 57	6 2	6 8	6 14	6 22	6 33
8	5 24	5 12	5 20	5 26	5 35	5 40	5 46	5 50	5 54	5 58	6 2	6 6	6 11	6 19
15	5 35	5 28	5 33	5 36	5 41	5 45	5 47	5 49	5 51	5 53	5 56	5 58	6 0	6 3
22	5 47	5 45	5 46	5 47	5 48	5 48	5 48	5 49	5 49	5 49	5 49	5 49	5 48	5 48
29	5 58	6 1	5 59	5 58	5 54	5 52	5 50	5 48	5 47	5 45	5 42	5 40	5 37	5 33
Oct 6	6 10	6 18	6 12	6 8	6 1	5 56	5 52	5 48	5 45	5 40	5 37	5 31	5 26	5 17
13	6 21	6 35	6 26	6 19	6 9	6 0	5 54	5 48	5 42	5 37	5 30	5 24	5 14	5 3
20	6 33	6 53	6 40	6 31	6 16	6 5	5 57	5 48	5 41	5 34	5 26	5 16	5 4	4 48
27	6 45	7 10	6 54	6 42	6 23	6 10	5 59	5 49	5 40	5 31	5 20	5 9	4 54	4 34
Nov 3	6 57	7 28	7 8	6 54	6 32	6 15	6 2	5 51	5 40	5 29	5 17	5 3	4 46	4 22
10	7 10	7 46	7 22	7 5	6 39	6 21	6 6	5 52	5 40	5 27	5 14	4 58	4 39	4 11
17	7 22	8 3	7 37	7 17	6 47	6 27	6 10	5 55	5 41	5 27	5 12	4 54	4 32	4 1
24	7 33	8 20	7 50	7 27	6 56	6 33	6 14	5 58	5 43	5 27	5 11	4 52	4 28	3 54
Dec 1	7 44	8 36	8 2	7 37	7 3	6 38	6 19	6 1	5 46	5 29	5 12	4 51	4 25	3 48
8	7 52	8 48	8 12	7 45	7 9	6 44	6 23	6 5	5 48	5 31	5 13	4 52	4 24	3 45
15	8 0	8 58	8 19	7 52	7 15	6 48	6 27	6 9	5 51	5 34	5 15	4 53	4 25	3 45
22	8 4	9 2	8 24	7 56	7 18	6 52	6 31	6 12	5 55	5 37	5 18	4 56	4 28	3 47
29	8 5	9 3	8 25	7 58	7 21	6 55	6 34	6 15	5 58	5 41	5 22	5 0	4 32	3 53

LOCAL MEAN TIME OF SUNSET FOR LATITUDES
60° North to 50° South
FOR ALL SUNDAYS IN 2024 (ALL TIMES ARE P.M.)

Date	Northern Latitudes									Southern Latitudes				
	LON-DON	60°	55°	50°	40°	30°	20°	10°	0°	10°	20°	30°	40°	50°
2023	h m	h m	h m	h m	h m	h m	h m	h m	h m	h m	h m	h m	h m	h m
Dec 31	3 59	3 3	3 41	4 7	4 44	5 10	5 31	5 49	6 7	6 23	6 43	7 4	7 31	8 12
2024														
Jan 7	4 7	3 14	3 49	4 15	4 50	5 15	5 36	5 53	6 10	6 26	6 45	7 5	7 31	8 10
14	4 18	3 28	4 0	4 24	4 57	5 21	5 40	5 57	6 12	6 28	6 45	7 5	7 30	8 5
21	4 29	3 45	4 13	4 35	5 5	5 27	5 45	6 0	6 14	6 29	6 45	7 4	7 27	7 59
28	4 41	4 2	4 28	4 46	5 14	5 33	5 49	6 3	6 16	6 30	6 44	7 0	7 21	7 51
Feb 4	4 53	4 20	4 42	4 58	5 22	5 39	5 53	6 5	6 17	6 29	6 42	6 56	7 15	7 41
11	5 6	4 39	4 56	5 10	5 30	5 45	5 57	6 8	6 18	6 27	6 38	6 51	7 7	7 29
18	5 19	4 57	5 12	5 23	5 38	5 50	6 0	6 9	6 17	6 25	6 34	6 45	6 58	7 16
25	5 32	5 15	5 26	5 34	5 47	5 56	6 3	6 10	6 16	6 22	6 30	6 38	6 48	7 2
Mar 3	5 45	5 33	5 40	5 46	5 54	6 0	6 5	6 11	6 15	6 20	6 24	6 31	6 37	6 47
10	5 57	5 51	5 54	5 58	6 1	6 5	6 8	6 11	6 13	6 16	6 19	6 22	6 26	6 33
17	6 9	6 8	6 9	6 9	6 9	6 10	6 10	6 11	6 11	6 12	6 13	6 14	6 15	6 18
24	6 21	6 25	6 22	6 20	6 16	6 14	6 12	6 11	6 9	6 8	6 7	6 5	6 4	6 2
31	6 32	6 42	6 35	6 31	6 23	6 18	6 14	6 11	6 7	6 4	6 0	5 57	5 52	5 47
Apr 7	6 44	6 59	6 49	6 42	6 31	6 22	6 16	6 10	6 5	6 0	5 54	5 49	5 41	5 33
14	6 56	7 17	7 3	6 53	6 37	6 26	6 18	6 10	6 3	5 57	5 49	5 41	5 31	5 18
21	7 7	7 34	7 17	7 4	6 45	6 31	6 20	6 11	6 1	5 53	5 44	5 34	5 21	5 4
28	7 19	7 52	7 30	7 15	6 52	6 35	6 22	6 11	6 0	5 50	5 39	5 27	5 12	4 51
May 5	7 30	8 8	7 43	7 25	6 59	6 40	6 25	6 12	6 0	5 48	5 36	5 21	5 3	4 40
12	7 41	8 26	7 56	7 35	7 6	6 45	6 27	6 13	6 0	5 46	5 32	5 16	4 56	4 29
19	7 52	8 42	8 9	7 45	7 12	6 49	6 31	6 14	6 0	5 45	5 29	5 12	4 50	4 19
26	8 1	8 57	8 20	7 54	7 18	6 53	6 33	6 16	6 0	5 45	5 28	5 9	4 45	4 12
Jun 2	8 9	9 10	8 29	8 2	7 23	6 57	6 36	6 18	6 1	5 45	5 27	5 7	4 42	4 7
9	8 15	9 20	8 37	8 7	7 28	7 0	6 38	6 20	6 3	5 46	5 27	5 6	4 41	4 4
16	8 19	9 26	8 41	8 12	7 31	7 3	6 41	6 22	6 4	5 47	5 28	5 7	4 41	4 3
23	8 22	9 28	8 43	8 13	7 32	7 5	6 43	6 23	6 6	5 48	5 30	5 8	4 42	4 5
30	8 20	9 25	8 42	8 13	7 32	7 5	6 43	6 24	6 7	5 50	5 32	5 11	4 44	4 8
Jul 7	8 17	9 19	8 37	8 9	7 31	7 5	6 44	6 25	6 9	5 52	5 34	5 14	4 49	4 13
14	8 12	9 8	8 30	8 4	7 28	7 3	6 43	6 25	6 10	5 53	5 37	5 17	4 53	4 20
21	8 3	8 54	8 20	7 56	7 23	6 59	6 41	6 25	6 10	5 55	5 39	5 21	4 59	4 28
28	7 53	8 38	8 9	7 48	7 17	6 56	6 38	6 23	6 10	5 56	5 41	5 25	5 5	4 37
Aug 4	7 42	8 22	7 55	7 37	7 10	6 50	6 35	6 22	6 10	5 57	5 44	5 29	5 11	4 46
11	7 29	8 3	7 41	7 24	7 1	6 45	6 31	6 19	6 9	5 58	5 46	5 34	5 17	4 56
18	7 16	7 43	7 25	7 11	6 52	6 37	6 26	6 16	6 7	5 58	5 48	5 37	5 24	5 6
25	7 0	7 23	7 8	6 57	6 42	6 30	6 21	6 12	6 5	5 58	5 50	5 41	5 30	5 16
Sep 1	6 45	7 2	6 51	6 43	6 31	6 22	6 14	6 9	6 3	5 58	5 51	5 45	5 37	5 26
8	6 30	6 41	6 33	6 28	6 20	6 13	6 9	6 4	6 0	5 57	5 53	5 49	5 43	5 37
15	6 13	6 20	6 15	6 12	6 8	6 4	6 2	6 0	5 58	5 56	5 54	5 52	5 50	5 48
22	5 57	5 59	5 58	5 57	5 57	5 56	5 56	5 56	5 56	5 56	5 56	5 56	5 57	5 58
29	5 41	5 37	5 39	5 41	5 45	5 47	5 49	5 51	5 53	5 55	5 58	6 0	6 3	6 9
Oct 6	5 25	5 16	5 22	5 26	5 34	5 39	5 43	5 47	5 51	5 55	6 0	6 4	6 11	6 20
13	5 10	4 55	5 4	5 12	5 23	5 30	5 37	5 43	5 49	5 55	6 1	6 9	6 18	6 31
20	4 55	4 35	4 48	4 58	5 13	5 24	5 33	5 40	5 48	5 56	6 4	6 13	6 25	6 42
27	4 41	4 16	4 32	4 44	5 3	5 16	5 27	5 37	5 47	5 57	6 7	6 19	6 33	6 54
Nov 3	4 29	3 57	4 18	4 32	4 54	5 11	5 24	5 36	5 47	5 58	6 10	6 24	6 42	7 6
10	4 17	3 41	4 4	4 22	4 48	5 6	5 21	5 35	5 47	6 0	6 13	6 30	6 49	7 18
17	4 7	3 25	3 53	4 12	4 41	5 3	5 19	5 35	5 48	6 2	6 18	6 35	6 58	7 29
24	3 59	3 12	3 43	4 6	4 38	5 1	5 19	5 35	5 50	6 5	6 22	6 42	7 6	7 41
Dec 1	3 54	3 2	3 36	4 0	4 35	5 0	5 19	5 37	5 52	6 9	6 26	6 47	7 13	7 51
8	3 51	2 55	3 32	3 58	4 34	5 0	5 20	5 38	5 56	6 12	6 31	6 53	7 20	7 59
15	3 50	2 52	3 31	3 58	4 35	5 2	5 23	5 41	5 59	6 16	6 35	6 57	7 25	8 5
22	3 54	2 54	3 33	4 1	4 39	5 5	5 26	5 45	6 2	6 20	6 39	7 1	7 29	8 10
29	3 58	3 1	3 39	4 6	4 43	5 9	5 30	5 48	6 5	6 23	6 42	7 4	7 31	8 12

TABLES OF HOUSES FOR LONDON, Latitude 51° 32′ N.

Sidereal Time	10 ♈	11 ♉	12 ♊	Ascen ♋	2 ♌	3 ♍
H. M. S.	°	°	°	° ′	°	°
0 0 0	0	9	22	26 36	13	3
0 3 40	1	10	23	27 16	13	3
0 7 20	2	11	24	27 56	14	4
0 11 1	3	12	25	28 36	15	5
0 14 41	4	13	26	29 16	15	6
0 18 21	5	14	27	29 56	16	7
0 22 2	6	15	28	0♌36	17	8
0 25 43	7	16	29	1 16	18	8
0 29 23	8	17	29	1 56	18	9
0 33 4	9	18	♋	2 35	19	10
0 36 45	10	19	1	3 15	20	11
0 40 27	11	21	2	3 55	21	12
0 44 8	12	22	3	4 34	21	13
0 47 50	13	23	4	5 13	22	13
0 51 32	14	24	4	5 53	23	14
0 55 15	15	25	5	6 33	23	15
0 58 58	16	26	6	7 12	24	16
1 2 41	17	27	7	7 52	25	17
1 6 24	18	28	8	8 31	26	18
1 10 8	19	29	9	9 11	26	19
1 13 52	20	♊	9	9 50	27	19
1 17 36	21	1	10	10 30	28	20
1 21 21	22	2	11	11 9	29	21
1 25 7	23	3	12	11 49	29	22
1 28 53	24	4	12	12 29	♍	23
1 32 39	25	5	13	13 8	1	24
1 36 26	26	6	14	13 48	1	25
1 40 13	27	7	15	14 28	2	25
1 44 1	28	8	16	15 8	3	26
1 47 50	29	9	16	15 48	4	27
1 51 39	30	10	17	16 28	4	28

Sidereal Time	10 ♉	11 ♊	12 ♋	Ascen ♌	2 ♍	3 ♍
H. M. S.	°	°	°	° ′	°	°
1 51 39	0	10	17	16 28	4	28
1 55 28	1	11	18	17 8	5	29
1 59 18	2	12	19	17 48	6	♎
2 3 9	3	13	20	18 29	7	1
2 7 0	4	14	20	19 9	8	2
2 10 52	5	15	21	19 50	8	3
2 14 45	6	15	22	20 30	9	3
2 18 38	7	16	23	21 11	10	4
2 22 32	8	17	23	21 52	11	5
2 26 27	9	18	24	22 33	11	6
2 30 22	10	19	25	23 14	12	7
2 34 18	11	20	26	23 55	13	8
2 38 15	12	21	27	24 36	14	9
2 42 12	13	22	27	25 18	14	10
2 46 10	14	23	28	25 59	15	11
2 50 9	15	24	29	26 41	16	12
2 54 8	16	25	♌	27 23	17	12
2 58 8	17	26	1	28 4	18	13
3 2 9	18	27	1	28 47	18	14
3 6 11	19	28	2	29 29	19	15
3 10 13	20	29	3	0♍11	20	16
3 14 16	21	♋	4	0 53	21	17
3 18 20	22	1	5	1 36	22	18
3 22 25	23	1	5	2 19	22	19
3 26 30	24	2	6	3 2	23	20
3 30 36	25	3	7	3 45	24	21
3 34 43	26	4	8	4 28	25	22
3 38 50	27	5	9	5 11	26	23
3 42 58	28	6	9	5 55	27	24
3 47 7	29	7	10	6 38	27	25
3 51 17	30	8	11	7 22	28	25

Sidereal Time	10 ♊	11 ♋	12 ♌	Ascen ♍	2 ♍	3 ♎
H. M. S.	°	°	°	° ′	°	°
3 51 17	0	8	11	7 22	28	25
3 55 27	1	9	12	8 6	29	26
3 59 38	2	10	13	8 50	♎	27
4 3 49	3	11	13	9 34	1	28
4 8 1	4	12	14	10 18	2	29
4 12 14	5	13	15	11 2	2	♏
4 16 27	6	14	16	11 47	3	1
4 20 41	7	14	17	12 31	4	2
4 24 56	8	15	17	13 16	5	3
4 29 11	9	16	18	14 1	6	4
4 33 27	10	17	19	14 46	7	5
4 37 43	11	18	20	15 31	8	6
4 42 0	12	19	21	16 16	8	7
4 46 17	13	20	22	17 1	9	8
4 50 35	14	21	22	17 46	10	9
4 54 53	15	22	23	18 32	11	10
4 59 11	16	23	24	19 17	12	11
5 3 30	17	24	25	20 3	13	12
5 7 50	18	25	26	20 48	14	13
5 12 9	19	26	27	21 34	14	13
5 16 29	20	27	28	22 20	15	14
5 20 49	21	28	28	23 6	16	15
5 25 10	22	29	29	23 52	17	16
5 29 31	23	29	♍	24 38	18	17
5 33 52	24	♌	1	25 24	19	18
5 38 13	25	1	2	26 10	20	19
5 42 34	26	2	3	26 56	20	20
5 46 55	27	3	4	27 42	21	21
5 51 17	28	4	4	28 28	22	22
5 55 38	29	5	5	29 14	23	23
6 0 0	30	6	6	0♎ 0	24	24

Sidereal Time	10 ♋	11 ♌	12 ♍	Ascen ♎	2 ♎	3 ♏
H. M. S.	°	°	°	° ′	°	°
6 0 0	0	6	6	0 0	24	24
6 4 22	1	7	7	0 46	25	25
6 8 43	2	8	8	1 32	26	26
6 13 5	3	9	9	2 18	26	27
6 17 26	4	10	10	3 4	27	28
6 21 47	5	11	10	3 50	28	29
6 26 8	6	12	11	4 36	29	♐
6 30 29	7	13	12	5 22	♏	1
6 34 50	8	14	13	6 8	1	1
6 39 11	9	15	14	6 54	2	2
6 43 31	10	16	15	7 40	2	3
6 47 51	11	17	16	8 26	3	4
6 52 10	12	17	16	9 12	4	5
6 56 30	13	18	17	9 57	5	6
7 0 49	14	19	18	10 43	6	7
7 5 7	15	20	19	11 28	7	8
7 9 25	16	21	20	12 14	8	9
7 13 43	17	22	21	12 59	8	10
7 18 0	18	23	22	13 44	9	11
7 22 17	19	24	22	14 29	10	12
7 26 33	20	25	23	15 14	11	13
7 30 49	21	26	24	15 59	12	14
7 35 4	22	27	25	16 44	13	15
7 39 19	23	28	26	17 29	13	16
7 43 33	24	29	27	18 13	14	16
7 47 46	25	♍	28	18 58	15	17
7 51 59	26	1	28	19 42	16	18
7 56 11	27	2	29	20 26	17	19
8 0 22	28	3	♎	21 10	17	20
8 4 33	29	4	1	21 54	18	21
8 8 43	30	5	2	22 38	19	22

Sidereal Time	10 ♌	11 ♍	12 ♎	Ascen ♎	2 ♏	3 ♐
H. M. S.	°	°	°	° ′	°	°
8 8 43	0	5	2	22 38	19	22
8 12 53	1	5	3	23 22	20	23
8 17 2	2	6	3	24 5	21	24
8 21 10	3	7	4	24 49	21	25
8 25 17	4	8	5	25 32	22	26
8 29 24	5	9	6	26 15	23	27
8 33 30	6	10	7	26 58	24	28
8 37 35	7	11	8	27 41	25	29
8 41 40	8	12	8	28 24	25	29
8 45 44	9	13	9	29 7	26	♑
8 49 47	10	14	10	29 49	27	1
8 53 49	11	15	11	0♏31	28	2
8 57 51	12	16	12	1 13	29	3
9 1 52	13	17	12	1 56	29	4
9 5 52	14	18	13	2 37	♐	5
9 9 51	15	18	14	3 19	1	6
9 13 50	16	19	15	4 1	2	7
9 17 48	17	20	16	4 42	3	8
9 21 45	18	21	16	5 24	3	9
9 25 42	19	22	17	6 5	4	10
9 29 38	20	23	18	6 46	5	11
9 33 33	21	24	19	7 27	6	12
9 37 28	22	25	19	8 8	7	13
9 41 22	23	26	20	8 49	7	14
9 45 15	24	27	21	9 30	8	15
9 49 8	25	27	22	10 10	9	15
9 53 0	26	28	22	10 51	10	16
9 56 51	27	29	23	11 31	10	17
10 0 42	28	♎	24	12 12	11	18
10 4 32	29	1	25	12 52	12	19
10 8 21	30	2	26	13 32	13	20

Sidereal Time	10 ♍	11 ♎	12 ♎	Ascen ♏	2 ♐	3 ♑
H. M. S.	°	°	°	° ′	°	°
10 8 21	0	2	26	13 32	13	20
10 12 10	1	3	26	14 12	14	21
10 15 59	2	4	27	14 52	14	22
10 19 47	3	5	28	15 32	15	23
10 23 34	4	5	29	16 12	16	24
10 27 21	5	6	29	16 52	17	25
10 31 7	6	7	♏	17 31	18	26
10 34 53	7	8	1	18 11	18	27
10 38 39	8	9	1	18 51	19	28
10 42 24	9	10	2	19 30	20	29
10 46 8	10	11	3	20 10	21	♒
10 49 52	11	11	4	20 49	21	1
10 53 36	12	12	4	21 29	22	2
10 57 19	13	13	5	22 8	23	3
11 1 2	14	14	6	22 48	24	4
11 4 45	15	15	7	23 27	25	5
11 8 28	16	16	7	24 7	26	6
11 12 10	17	17	8	24 47	26	7
11 15 52	18	17	9	25 26	27	8
11 19 33	19	18	9	26 6	28	9
11 23 15	20	19	10	26 45	29	11
11 26 56	21	20	11	27 25	♑	12
11 30 37	22	21	12	28 4	1	13
11 34 17	23	22	12	28 44	1	14
11 37 58	24	22	13	29 24	2	15
11 41 39	25	23	14	0♐ 4	3	16
11 45 19	26	24	15	0 44	4	17
11 48 59	27	25	15	1 24	5	18
11 52 40	28	26	16	2 4	6	19
11 56 20	29	27	17	2 44	7	20
12 0 0	30	27	17	3 24	8	21

Sidereal Time	10 ♎	11 ♎	12 ♏	Ascen ♐	2 ♑	3 ♒
H. M. S.	°	°	°	° '	°	°
12 0 0	0	27	17	3 24	8	21
12 3 40	1	28	18	4 5	8	22
12 7 20	2	29	19	4 45	9	24
12 11 1	3	♏	20	5 26	10	25
12 14 41	4	1	20	6 7	11	26
12 18 21	5	2	21	6 48	12	27
12 22 2	6	2	22	7 29	13	28
12 25 43	7	3	22	8 11	14	29
12 29 23	8	4	23	8 52	15	♓
12 33 4	9	5	24	9 34	16	2
12 36 45	10	6	25	10 16	17	3
12 40 27	11	6	25	10 58	18	4
12 44 8	12	7	26	11 41	19	5
12 47 50	13	8	27	12 23	20	6
12 51 32	14	9	27	13 6	21	7
12 55 15	15	10	28	13 50	22	9
12 58 58	16	11	29	14 33	23	10
13 2 41	17	11	♐	15 17	24	11
13 6 24	18	12	0	16 1	25	12
13 10 8	19	13	1	16 46	26	13
13 13 52	20	14	2	17 31	28	15
13 17 36	21	15	3	18 16	29	16
13 21 21	22	16	3	19 2	♒	17
13 25 7	23	16	4	19 48	1	18
13 28 53	24	17	5	20 34	2	20
13 32 39	25	18	6	21 21	3	21
13 36 26	26	19	6	22 9	5	22
13 40 13	27	20	7	22 57	6	23
13 44 1	28	20	8	23 45	7	25
13 47 50	29	21	9	24 34	8	26
13 51 39	30	22	9	25 24	10	27

Sidereal Time	10 ♏	11 ♏	12 ♐	Ascen ♐	2 ♒	3 ♓
H. M. S.	°	°	°	° '	°	°
13 51 39	0	22	9	25 24	10	27
13 55 28	1	23	10	26 14	11	28
13 59 18	2	24	11	27 4	12	♈
14 3 9	3	25	12	27 56	13	1
14 7 0	4	25	13	28 48	15	2
14 10 52	5	26	13	29 41	16	4
14 14 45	6	27	14	0♑34	18	5
14 18 38	7	28	15	1 28	19	6
14 22 32	8	29	16	2 23	20	7
14 26 27	9	♐	17	3 19	22	9
14 30 22	10	1	17	4 16	23	10
14 34 18	11	1	18	5 13	25	11
14 38 15	12	2	19	6 12	26	13
14 42 12	13	3	20	7 11	28	14
14 46 10	14	4	21	8 12	29	15
14 50 9	15	5	22	9 13	♓	17
14 54 8	16	6	22	10 16	2	18
14 58 8	17	7	23	11 20	4	19
15 2 9	18	7	24	12 25	6	21
15 6 11	19	8	25	13 31	7	22
15 10 13	20	9	26	14 39	9	23
15 14 16	21	10	27	15 48	11	24
15 18 20	22	11	28	16 58	12	26
15 22 25	23	12	29	18 11	14	27
15 26 30	24	13	♑	19 24	16	28
15 30 36	25	14	1	20 39	17	♉
15 34 43	26	15	2	21 56	19	1
15 38 50	27	15	2	23 15	21	2
15 42 58	28	16	3	24 36	23	3
15 47 7	29	17	4	25 58	24	5
15 51 17	30	18	5	27 23	26	6

Sidereal Time	10 ♐	11 ♐	12 ♑	Ascen ♑	2 ♓	3 ♉
H. M. S.	°	°	°	° '	°	°
15 51 17	0	18	5	27 23	26	6
15 55 27	1	19	6	28 50	28	7
15 59 38	2	20	7	0♒19	♈	9
16 3 49	3	21	8	1 50	2	10
16 8 1	4	22	10	3 24	3	11
16 12 14	5	23	11	5 0	5	12
16 16 27	6	24	12	6 39	7	14
16 20 41	7	25	13	8 20	9	15
16 24 56	8	26	14	10 4	11	16
16 29 11	9	27	15	11 51	12	17
16 33 27	10	28	16	13 41	14	19
16 37 43	11	29	17	15 34	16	20
16 42 0	12	♑	18	17 30	18	21
16 46 17	13	1	20	19 28	20	22
16 50 35	14	1	21	21 30	21	23
16 54 53	15	2	22	23 35	23	25
16 59 11	16	3	23	25 43	25	26
17 3 30	17	4	24	27 54	27	27
17 7 50	18	6	26	0♓ 9	28	28
17 12 9	19	7	27	2 26	♉	29
17 16 29	20	8	28	4 46	2	♊
17 20 49	21	9	♒	7 8	3	2
17 25 10	22	10	1	9 34	5	3
17 29 31	23	11	2	12 1	7	4
17 33 52	24	12	4	14 31	8	5
17 38 13	25	13	5	17 3	10	6
17 42 34	26	14	7	19 36	11	7
17 46 55	27	15	8	22 11	13	8
17 51 17	28	16	9	24 47	15	10
17 55 38	29	17	11	27 23	16	11
18 0 0	30	18	12	0♈ 0	18	12

Sidereal Time	10 ♑	11 ♑	12 ♒	Ascen ♈	2 ♉	3 ♊
H. M. S.	°	°	°	° '	°	°
18 0 0	0	18	12	0 0	18	12
18 4 22	1	19	14	2 37	19	13
18 8 43	2	20	15	5 13	21	14
18 13 5	3	22	17	7 49	22	15
18 17 26	4	23	19	10 24	23	16
18 21 47	5	24	20	12 57	25	17
18 26 8	6	25	22	15 29	26	18
18 30 29	7	26	23	17 59	28	19
18 34 50	8	27	25	20 26	29	20
18 39 11	9	28	27	22 52	♊	21
18 43 31	10	29	28	25 14	2	22
18 47 51	11	♒	♓	27 34	3	23
18 52 10	12	2	2	29 51	4	24
18 56 30	13	3	3	2♉ 6	6	26
19 0 49	14	4	5	4 17	7	27
19 5 7	15	5	7	6 25	8	28
19 9 25	16	7	9	8 30	9	29
19 13 43	17	8	10	10 32	10	29
19 18 0	18	9	12	12 30	12	♋
19 22 17	19	10	14	14 26	13	1
19 26 33	20	11	16	16 19	14	2
19 30 49	21	13	18	18 9	15	3
19 35 4	22	14	19	19 56	16	4
19 39 19	23	15	21	21 40	17	5
19 43 33	24	16	23	23 21	18	6
19 47 46	25	18	25	25 0	19	7
19 51 59	26	19	27	26 36	20	8
19 56 11	27	20	28	28 10	22	9
20 0 22	28	21	♈	29 41	23	10
20 4 33	29	23	2	1♊10	24	11
20 8 43	30	24	4	2 37	25	12

Sidereal Time	10 ♒	11 ♒	12 ♈	Ascen ♊	2 ♊	3 ♋
H. M. S.	°	°	°	° '	°	°
20 8 43	0	24	4	2 37	25	12
20 12 53	1	25	6	4 2	26	13
20 17 2	2	27	7	5 24	27	14
20 21 10	3	28	9	6 45	28	15
20 25 17	4	29	11	8 4	28	15
20 29 24	5	♓	13	9 21	29	16
20 33 30	6	2	14	10 36	♋	17
20 37 35	7	3	16	11 49	1	18
20 41 40	8	4	18	13 2	2	19
20 45 44	9	6	19	14 12	3	20
20 49 47	10	7	21	15 21	4	21
20 53 49	11	8	23	16 29	5	22
20 57 51	12	9	24	17 35	6	23
21 1 52	13	11	26	18 40	7	23
21 5 52	14	12	28	19 44	8	24
21 9 51	15	13	29	20 47	8	25
21 13 50	16	15	♉	21 48	9	26
21 17 48	17	16	2	22 49	10	27
21 21 45	18	17	4	23 48	11	28
21 25 42	19	19	5	24 47	12	29
21 29 38	20	20	7	25 44	13	29
21 33 33	21	21	8	26 41	13	♌
21 37 28	22	23	10	27 37	14	1
21 41 22	23	24	11	28 32	15	2
21 45 15	24	25	12	29 26	16	3
21 49 8	25	26	14	0♋19	17	4
21 53 0	26	28	15	1 12	17	5
21 56 51	27	29	17	2 4	18	5
22 0 42	28	♈	18	2 56	19	6
22 4 32	29	2	19	3 46	20	7
22 8 21	30	3	20	4 36	21	8

Sidereal Time	10 ♓	11 ♈	12 ♉	Ascen ♋	2 ♋	3 ♌
H. M. S.	°	°	°	° '	°	°
22 8 21	0	3	20	4 36	21	8
22 12 10	1	4	22	5 26	21	9
22 15 59	2	5	23	6 15	22	10
22 19 47	3	7	24	7 3	23	10
22 23 34	4	8	25	7 51	24	11
22 27 21	5	9	27	8 39	24	12
22 31 7	6	10	28	9 26	25	13
22 34 53	7	12	29	10 12	26	14
22 38 39	8	13	♊	10 58	27	14
22 42 24	9	14	1	11 44	27	15
22 46 8	10	15	2	12 29	28	16
22 49 52	11	17	4	13 14	29	17
22 53 36	12	18	5	13 59	♌	18
22 57 19	13	19	6	14 43	0	19
23 1 2	14	20	7	15 27	1	19
23 4 45	15	21	8	16 10	2	20
23 8 28	16	23	9	16 54	3	21
23 12 10	17	24	10	17 37	3	22
23 15 52	18	25	11	18 19	4	23
23 19 33	19	26	12	19 2	5	24
23 23 15	20	27	13	19 44	5	24
23 26 56	21	28	14	20 26	6	25
23 30 37	22	♉	15	21 8	7	26
23 34 17	23	1	16	21 49	8	27
23 37 58	24	2	17	22 31	8	28
23 41 39	25	3	18	23 12	9	28
23 45 19	26	4	19	23 53	10	29
23 48 59	27	5	20	24 34	10	♍
23 52 40	28	6	21	25 15	11	1
23 56 20	29	8	22	25 55	12	2
24 0 0	30	9	22	26 36	13	3

Sidereal Time	10 ♈	11 ♉	12 ♊	Ascen ♋	2 ♌	3 ♍
H. M. S.	°	°	°	° '	°	°
0 0 0	0	9	24	28 11	14	3
0 3 40	1	10	25	28 50	14	4
0 7 20	2	11	26	29 29	15	4
0 11 1	3	13	27	0♌ 9	16	5
0 14 41	4	14	28	0 47	16	6
0 18 21	5	15	29	1 26	17	7
0 22 2	6	16	29	2 5	18	8
0 25 43	7	17	♋	2 44	18	9
0 29 23	8	18	1	3 22	19	9
0 33 4	9	19	2	4 1	20	10
0 36 45	10	20	3	4 39	21	11
0 40 27	11	21	4	5 18	21	12
0 44 8	12	22	4	5 56	22	13
0 47 50	13	23	5	6 35	23	14
0 51 32	14	24	6	7 13	23	14
0 55 15	15	25	7	7 52	24	15
0 58 58	16	26	8	8 30	25	16
1 2 41	17	28	8	9 9	26	17
1 6 24	18	29	9	9 47	26	18
1 10 8	19	♊	10	10 26	27	19
1 13 52	20	1	11	11 4	28	19
1 17 36	21	2	12	11 43	28	20
1 21 21	22	3	12	12 21	29	21
1 25 7	23	4	13	13 0	♍	22
1 28 53	24	5	14	13 39	1	23
1 32 39	25	6	15	14 17	1	24
1 36 26	26	7	15	14 56	2	25
1 40 13	27	8	16	15 35	3	25
1 44 1	28	9	17	16 14	3	26
1 47 50	29	10	18	16 53	4	27
1 51 39	30	11	19	17 32	5	28

Sidereal Time	10 ♉	11 ♊	12 ♋	Ascen ♌	2 ♍	3 ♍
H. M. S.	°	°	°	° '	°	°
1 51 39	0	11	19	17 32	5	28
1 55 28	1	11	19	18 11	6	29
1 59 18	2	12	20	18 50	6	♎
2 3 9	3	13	21	19 29	7	1
2 7 0	4	14	22	20 9	8	2
2 10 52	5	15	22	20 48	9	2
2 14 45	6	16	23	21 28	9	3
2 18 38	7	17	24	22 8	10	4
2 22 32	8	18	25	22 47	11	5
2 26 27	9	19	25	23 27	12	6
2 30 22	10	20	26	24 7	12	7
2 34 18	11	21	27	24 48	13	8
2 38 15	12	22	28	25 28	14	9
2 42 12	13	23	29	26 8	15	10
2 46 10	14	24	29	26 49	16	11
2 50 9	15	25	♌	27 29	16	11
2 54 8	16	26	1	28 10	17	12
2 58 8	17	27	2	28 51	18	13
3 2 9	18	28	2	29 32	19	14
3 6 11	19	29	3	0♍13	19	15
3 10 13	20	♋	4	0 54	20	16
3 14 16	21	0	5	1 36	21	17
3 18 20	22	1	6	2 17	22	18
3 22 25	23	2	6	2 59	23	19
3 26 30	24	3	7	3 41	23	20
3 30 36	25	4	8	4 23	24	21
3 34 43	26	5	9	5 5	25	21
3 38 50	27	6	9	5 47	26	22
3 42 58	28	7	10	6 30	27	23
3 47 7	29	8	11	7 12	27	24
3 51 17	30	9	12	7 55	28	25

Sidereal Time	10 ♊	11 ♋	12 ♌	Ascen ♍	2 ♍	3 ♎
H. M. S.	°	°	°	° '	°	°
3 51 17	0	9	12	7 55	28	25
3 55 27	1	10	13	8 38	29	26
3 59 38	2	11	13	9 20	♎	27
4 3 49	3	12	14	10 3	1	28
4 8 1	4	12	15	10 46	2	29
4 12 14	5	13	16	11 30	2	♏
4 16 27	6	14	17	12 13	3	1
4 20 41	7	15	17	12 57	4	2
4 24 56	8	16	18	13 40	5	3
4 29 11	9	17	19	14 24	6	4
4 33 27	10	18	20	15 8	7	5
4 37 43	11	19	21	15 52	7	6
4 42 0	12	20	22	16 36	8	6
4 46 17	13	21	22	17 20	9	7
4 50 35	14	22	23	18 4	10	8
4 54 53	15	23	24	18 48	11	9
4 59 11	16	24	25	19 33	12	10
5 3 30	17	24	26	20 17	12	11
5 7 50	18	25	26	21 2	13	12
5 12 9	19	26	27	21 46	14	13
5 16 29	20	27	28	22 31	15	14
5 20 49	21	28	29	23 16	16	15
5 25 10	22	29	♍	24 1	17	16
5 29 31	23	♌	1	24 45	18	17
5 33 52	24	1	2	25 30	18	18
5 38 13	25	2	2	26 15	19	19
5 42 34	26	3	3	27 0	20	20
5 46 55	27	4	4	27 45	21	21
5 51 17	28	5	5	28 30	22	22
5 55 38	29	6	6	29 15	23	22
6 0 0	30	7	7	0♎ 0	23	23

Sidereal Time	10 ♋	11 ♌	12 ♍	Ascen ♎	2 ♎	3 ♏
H. M. S.	°	°	°	° '	°	°
6 0 0	0	7	7	0 0	23	23
6 4 22	1	8	7	0 45	24	24
6 8 43	2	8	8	1 30	25	25
6 13 5	3	9	9	2 15	26	26
6 17 26	4	10	10	3 0	27	27
6 21 47	5	11	11	3 45	28	28
6 26 8	6	12	12	4 30	28	29
6 30 29	7	13	12	5 15	29	♐
6 34 50	8	14	13	5 59	♏	1
6 39 11	9	15	14	6 44	1	2
6 43 31	10	16	15	7 29	2	3
6 47 51	11	17	16	8 14	3	4
6 52 10	12	18	17	8 58	4	5
6 56 30	13	19	18	9 43	4	6
7 0 49	14	20	18	10 27	5	6
7 5 7	15	21	19	11 12	6	7
7 9 25	16	22	20	11 56	7	8
7 13 43	17	23	21	12 40	8	9
7 18 0	18	24	22	13 24	8	10
7 22 17	19	24	23	14 8	9	11
7 26 33	20	25	23	14 52	10	12
7 30 49	21	26	24	15 36	11	13
7 35 4	22	27	25	16 20	12	14
7 39 19	23	28	26	17 3	13	15
7 43 33	24	29	27	17 47	13	16
7 47 46	25	♍	28	18 30	14	17
7 51 59	26	1	28	19 14	15	18
7 56 11	27	2	29	19 57	16	18
8 0 22	28	3	♎	20 40	17	19
8 4 33	29	4	1	21 22	17	20
8 8 43	30	5	2	22 5	18	21

Sidereal Time	10 ♌	11 ♍	12 ♎	Ascen ♎	2 ♏	3 ♐
H. M. S.	°	°	°	° '	°	°
8 8 43	0	5	2	22 5	18	21
8 12 53	1	6	3	22 48	19	22
8 17 2	2	7	3	23 30	20	23
8 21 10	3	8	4	24 13	21	24
8 25 17	4	9	5	24 55	21	25
8 29 24	5	9	6	25 37	22	26
8 33 30	6	10	7	26 19	23	27
8 37 35	7	11	7	27 1	24	28
8 41 40	8	12	8	27 43	24	29
8 45 44	9	13	9	28 24	25	♑
8 49 47	10	14	10	29 6	26	0
8 53 49	11	15	11	29 47	27	1
8 57 51	12	16	11	0♏28	28	2
9 1 52	13	17	12	1 9	28	3
9 5 52	14	18	13	1 50	29	4
9 9 51	15	19	14	2 31	♐	5
9 13 50	16	19	14	3 11	1	6
9 17 48	17	20	15	3 52	1	7
9 21 45	18	21	16	4 32	2	8
9 25 42	19	22	17	5 12	3	9
9 29 38	20	23	18	5 53	4	10
9 33 33	21	24	18	6 33	5	11
9 37 28	22	25	19	7 13	5	12
9 41 22	23	26	20	7 52	6	13
9 45 15	24	27	21	8 32	7	14
9 49 8	25	28	21	9 12	8	15
9 53 0	26	28	22	9 51	8	16
9 56 51	27	29	23	10 31	9	17
10 0 42	28	♎	24	11 10	10	18
10 4 32	29	1	24	11 49	11	19
10 8 21	30	2	25	12 28	11	19

Sidereal Time	10 ♍	11 ♎	12 ♎	Ascen ♏	2 ♐	3 ♑
H. M. S.	°	°	°	° '	°	°
10 8 21	0	2	25	12 28	11	19
10 12 10	1	3	26	13 7	12	20
10 15 59	2	4	27	13 46	13	21
10 19 47	3	5	27	14 25	14	22
10 23 34	4	5	28	15 4	15	23
10 27 21	5	6	29	15 43	15	24
10 31 7	6	7	29	16 21	16	25
10 34 53	7	8	♏	17 0	17	26
10 38 39	8	9	1	17 39	18	27
10 42 24	9	10	2	18 17	18	28
10 46 8	10	11	2	18 56	19	29
10 49 52	11	11	3	19 34	20	♒
10 53 36	12	12	4	20 13	21	1
10 57 19	13	13	4	20 51	22	2
11 1 2	14	14	5	21 30	22	4
11 4 45	15	15	6	22 8	23	5
11 8 28	16	16	7	22 47	24	6
11 12 10	17	16	7	23 25	25	7
11 15 52	18	17	8	24 4	26	8
11 19 33	19	18	9	24 42	26	9
11 23 15	20	19	9	25 21	27	10
11 26 56	21	20	10	25 59	28	11
11 30 37	22	21	11	26 38	29	12
11 34 17	23	21	12	27 16	♑	13
11 37 58	24	22	12	27 55	1	14
11 41 39	25	23	13	28 34	1	15
11 45 19	26	24	14	29 13	2	16
11 48 59	27	25	14	29 51	3	17
11 52 40	28	26	15	0♐31	4	19
11 56 20	29	26	16	1 10	5	20
12 0 0	30	27	16	1 49	6	21

TABLES OF HOUSES FOR LIVERPOOL, Latitude 53° 25' N.

Sidereal Time	10 ♎	11 ♎	12 ♏	Ascen ♐	2 ♑	3 ♒	Sidereal Time	10 ♏	11 ♏	12 ♐	Ascen ♐	2 ♒	3 ♓	Sidereal Time	10 ♐	11 ♐	12 ♑	Ascen ♑	2 ♓	3 ♉
H. M. S.	°	°	°	° '	°	°	H. M. S.	°	°	°	° '	°	°	H. M. S.	°	°	°	° '	°	°
12 0 0	0	27	16	1 49	6	21	13 51 39	0	22	8	23 8	8	27	15 51 17	0	17	4	24 19	26	7
12 3 40	1	28	17	2 28	7	22	13 55 28	1	22	9	23 56	9	28	15 55 27	1	18	5	25 45	28	8
12 7 20	2	29	18	3 7	8	23	13 59 18	2	23	10	24 45	11	♈	15 59 38	2	19	6	27 13	♈	9
12 11 1	3	♏	19	3 47	9	24	14 3 9	3	24	10	25 35	12	1	16 3 49	3	20	7	28 44	2	10
12 14 41	4	0	19	4 27	9	25	14 7 0	4	25	11	26 26	13	2	16 8 1	4	21	8	0♒18	4	12
12 18 21	5	1	20	5 6	10	26	14 10 52	5	26	12	27 17	15	4	16 12 14	5	22	9	1 54	5	13
12 22 2	6	2	21	5 47	11	28	14 14 45	6	27	13	28 8	16	5	16 16 27	6	23	10	3 33	7	14
12 25 43	7	3	21	6 27	12	29	14 18 38	7	27	14	29 1	17	6	16 20 41	7	24	11	5 15	9	15
12 29 23	8	4	22	7 7	13	♓	14 22 32	8	28	14	29 54	19	8	16 24 56	8	25	12	7 0	11	17
12 33 4	9	4	23	7 48	14	1	14 26 27	9	29	15	0♑48	20	9	16 29 11	9	26	13	8 49	13	18
12 36 45	10	5	24	8 28	15	2	14 30 22	10	♐	16	1 43	22	10	16 33 27	10	27	14	10 41	15	19
12 40 27	11	6	24	9 9	16	4	14 34 18	11	1	17	2 39	23	12	16 37 43	11	28	15	12 36	17	20
12 44 8	12	7	25	9 51	17	5	14 38 15	12	2	18	3 36	25	13	16 42 0	12	29	17	14 35	19	22
12 47 50	13	8	26	10 32	18	6	14 42 12	13	2	18	4 33	27	14	16 46 17	13	♑	18	16 37	20	23
12 51 32	14	9	26	11 14	19	7	14 46 10	14	3	19	5 32	28	16	16 50 35	14	1	19	18 43	22	24
12 55 15	15	9	27	11 56	20	8	14 50 9	15	4	20	6 32	♓	17	16 54 53	15	2	20	20 53	24	25
12 58 58	16	10	28	12 38	21	10	14 54 8	16	5	21	7 33	1	18	16 59 11	16	3	21	23 7	26	27
13 2 41	17	11	29	13 21	22	11	14 58 8	17	6	22	8 35	3	20	17 3 30	17	4	23	25 24	28	28
13 6 24	18	12	29	14 3	24	12	15 2 9	18	7	23	9 38	5	21	17 7 50	18	5	24	27 46	29	29
13 10 8	19	13	♐	14 47	25	13	15 6 11	19	8	24	10 43	6	22	17 12 9	19	6	25	0♓11	♉	♊
13 13 52	20	13	1	15 30	26	14	15 10 13	20	8	24	11 49	8	23	17 16 29	20	7	27	2 40	3	1
13 17 36	21	14	1	16 14	27	16	15 14 16	21	9	25	12 56	10	25	17 20 49	21	8	28	5 12	5	2
13 21 21	22	15	2	16 58	28	17	15 18 20	22	10	26	14 5	12	26	17 25 10	22	9	29	7 48	6	4
13 25 7	23	16	3	17 43	29	18	15 22 25	23	11	27	15 15	13	27	17 29 31	23	10	♒	10 27	8	5
13 28 53	24	17	4	18 28	♒	19	15 26 30	24	12	28	16 27	15	29	17 33 52	24	11	2	13 9	10	6
13 32 39	25	17	4	19 13	2	21	15 30 36	25	13	29	17 41	17	♉	17 38 13	25	12	3	15 53	11	7
13 36 26	26	18	5	19 59	3	22	15 34 43	26	14	♑	18 57	19	1	17 42 34	26	13	5	18 40	13	8
13 40 13	27	19	6	20 46	4	23	15 38 50	27	15	1	20 14	21	3	17 46 55	27	14	6	21 28	15	9
13 44 1	28	20	7	21 33	5	25	15 42 58	28	16	2	21 34	22	4	17 51 17	28	15	8	24 18	16	10
13 47 50	29	21	7	22 20	7	26	15 47 7	29	16	3	22 55	24	5	17 55 38	29	16	9	27 8	18	12
13 51 39	30	22	8	23 8	8	27	15 51 17	30	17	4	24 19	26	7	18 0 0	30	17	11	0♈ 0	19	13

Sidereal Time	10 ♑	11 ♑	12 ♒	Ascen ♈	2 ♉	3 ♊	Sidereal Time	10 ♒	11 ♒	12 ♈	Ascen ♊	2 ♊	3 ♋	Sidereal Time	10 ♓	11 ♈	12 ♉	Ascen ♋	2 ♋	3 ♌
H. M. S.	°	°	°	° '	°	°	H. M. S.	°	°	°	° '	°	°	H. M. S.	°	°	°	° '	°	°
18 0 0	0	17	11	0 0	19	13	20 8 43	0	23	4	5 41	26	13	22 8 21	0	3	22	6 52	22	8
18 4 22	1	18	12	2 52	21	14	20 12 53	1	25	6	7 5	27	14	22 12 10	1	4	23	7 40	23	9
18 8 43	2	20	14	5 42	22	15	20 17 2	2	26	8	8 27	28	14	22 15 59	2	5	25	8 27	23	10
18 13 5	3	21	15	8 32	24	16	20 21 10	3	27	9	9 46	29	15	22 19 47	3	7	26	9 14	24	11
18 17 26	4	22	17	11 20	25	17	20 25 17	4	29	11	11 3	♋	16	22 23 34	4	8	27	10 1	25	12
18 21 47	5	23	19	14 7	27	18	20 29 24	5	♓	13	12 19	1	17	22 27 21	5	9	28	10 47	26	13
18 26 8	6	24	20	16 51	28	19	20 33 30	6	1	15	13 33	2	18	22 31 7	6	11	♊	11 32	26	13
18 30 29	7	25	22	19 33	29	20	20 37 35	7	3	17	14 45	3	19	22 34 53	7	12	1	12 17	27	14
18 34 50	8	26	24	22 12	♊	21	20 41 40	8	4	18	15 55	4	20	22 38 39	8	13	2	13 2	28	15
18 39 11	9	28	25	24 48	2	22	20 45 44	9	5	20	17 4	5	21	22 42 24	9	14	3	13 46	29	16
18 43 31	10	29	27	27 20	3	23	20 49 47	10	7	22	18 11	6	22	22 46 8	10	16	4	14 30	29	17
18 47 51	11	♒	29	29 49	5	24	20 53 49	11	8	24	19 17	6	22	22 49 52	11	17	5	15 13	♌	17
18 52 10	12	1	♓	2♉14	6	25	20 57 51	12	9	25	20 22	7	23	22 53 36	12	18	6	15 57	1	18
18 56 30	13	2	2	4 36	7	26	21 1 52	13	11	27	21 25	8	24	22 57 19	13	19	8	16 39	1	19
19 0 49	14	3	4	6 53	9	27	21 5 52	14	12	29	22 27	9	25	23 1 2	14	20	9	17 22	2	20
19 5 7	15	5	6	9 7	10	28	21 9 51	15	13	♉	23 28	10	26	23 4 45	15	22	10	18 4	3	21
19 9 25	16	6	8	11 17	11	29	21 13 50	16	14	2	24 28	11	27	23 8 28	16	23	11	18 46	4	21
19 13 43	17	7	10	13 23	12	♋	21 17 48	17	16	3	25 27	12	28	23 12 10	17	24	12	19 28	4	22
19 18 0	18	8	11	15 25	13	1	21 21 45	18	17	5	26 24	12	28	23 15 52	18	25	13	20 10	5	23
19 22 17	19	10	13	17 24	15	2	21 25 42	19	18	7	27 21	13	29	23 19 33	19	26	14	20 51	6	24
19 26 33	20	11	15	19 19	16	3	21 29 38	20	20	8	28 17	14	♌	23 23 15	20	28	15	21 32	6	25
19 30 49	21	12	17	21 11	17	4	21 33 33	21	21	10	29 12	15	1	23 26 56	21	29	16	22 12	7	26
19 35 4	22	13	19	23 0	18	5	21 37 28	22	22	11	0♋ 6	16	2	23 30 37	22	♉	17	22 53	8	26
19 39 19	23	15	21	24 45	19	6	21 41 22	23	24	13	0 59	16	3	23 34 17	23	1	18	23 33	9	27
19 43 33	24	16	23	26 27	20	7	21 45 15	24	25	14	1 52	17	3	23 37 58	24	2	19	24 13	9	28
19 47 46	25	17	25	28 6	21	8	21 49 8	25	26	15	2 43	18	4	23 41 39	25	4	20	24 54	10	29
19 51 59	26	18	26	29 42	22	9	21 53 0	26	28	17	3 34	19	5	23 45 19	26	5	21	25 33	11	♍
19 56 11	27	20	28	1♊16	23	10	21 56 51	27	29	18	4 25	20	6	23 48 59	27	6	21	26 13	11	0
20 0 22	28	21	♈	2 47	24	11	22 0 42	28	♈	19	5 15	20	7	23 52 40	28	7	22	26 53	12	1
20 4 33	29	22	2	4 15	25	12	22 4 32	29	2	21	6 4	21	8	23 56 20	29	8	23	27 32	13	2
20 8 43	30	23	4	5 41	26	13	22 8 21	30	3	22	6 52	22	8	24 0 0	30	9	24	28 11	14	3

TABLES OF HOUSES FOR NEW YORK, Latitude 40° 43' N.

Sidereal Time	10 ♈	11 ♉	12 ♊	Ascen ♋	2 ♌	3 ♍	Sidereal Time	10 ♉	11 ♊	12 ♋	Ascen ♌	2 ♍	3 ♍	Sidereal Time	10 ♊	11 ♋	12 ♌	Ascen ♍	2 ♍	3 ♎
H. M. S.	°	°	°	° '	°	°	H. M. S.	°	°	°	° '	°	°	H. M. S.	°	°	°	° '	°	°
0 0 0	0	6	15	18 54	8	1	1 51 39	0	6	11	11 8	2	28	3 51 17	0	5	7	4 33	28	27
0 3 40	1	7	16	19 39	9	2	1 55 28	1	7	12	11 53	3	29	3 55 27	1	6	8	5 22	29	28
0 7 20	2	8	17	20 24	10	3	1 59 18	2	8	13	12 38	4	♎	3 59 38	2	7	8	6 11	♎	29
0 11 1	3	9	18	21 9	11	4	2 3 9	3	9	14	13 23	5	1	4 3 49	3	8	9	7 1	1	♏
0 14 41	4	11	19	21 54	12	5	2 7 0	4	10	15	14 8	5	2	4 8 1	4	8	10	7 50	2	1
0 18 21	5	12	20	22 38	12	6	2 10 52	5	11	15	14 54	6	3	4 12 14	5	9	11	8 40	3	2
0 22 2	6	13	21	23 23	13	6	2 14 45	6	12	16	15 39	7	4	4 16 27	6	10	12	9 30	4	3
0 25 43	7	14	22	24 8	14	7	2 18 38	7	13	17	16 25	8	5	4 20 41	7	11	13	10 20	5	4
0 29 23	8	15	22	24 52	15	8	2 22 32	8	14	18	17 10	9	5	4 24 56	8	12	14	11 10	5	5
0 33 4	9	16	23	25 36	15	9	2 26 27	9	15	19	17 56	10	6	4 29 11	9	13	15	12 1	6	6
0 36 45	10	17	24	26 21	16	10	2 30 22	10	16	20	18 42	11	7	4 33 27	10	14	16	12 51	7	7
0 40 27	11	18	25	27 5	17	11	2 34 18	11	17	20	19 28	11	8	4 37 43	11	15	16	13 42	8	8
0 44 8	12	19	26	27 49	18	12	2 38 15	12	18	21	20 15	12	9	4 42 0	12	16	17	14 33	9	9
0 47 50	13	20	27	28 33	19	13	2 42 12	13	19	22	21 1	13	10	4 46 17	13	17	18	15 23	10	10
0 51 32	14	21	28	29 18	19	13	2 46 10	14	20	23	21 47	14	11	4 50 35	14	18	19	16 14	11	11
0 55 15	15	22	29	0♌ 2	20	14	2 50 9	15	21	24	22 34	15	12	4 54 53	15	19	20	17 5	12	12
0 58 58	16	23	29	0 46	21	15	2 54 8	16	21	25	23 21	16	13	4 59 11	16	20	21	17 57	13	13
1 2 41	17	24	♋	1 30	22	16	2 58 8	17	22	25	24 8	17	14	5 3 30	17	21	22	18 48	14	14
1 6 24	18	25	1	2 14	23	17	3 2 9	18	23	26	24 55	17	15	5 7 50	18	22	23	19 39	15	15
1 10 8	19	26	2	2 59	23	18	3 6 11	19	24	27	25 42	18	16	5 12 9	19	23	24	20 31	16	16
1 13 52	20	27	3	3 43	24	19	3 10 13	20	25	28	26 30	19	17	5 16 29	20	24	25	21 22	17	17
1 17 36	21	28	4	4 27	25	20	3 14 16	21	26	29	27 17	20	18	5 20 49	21	25	26	22 14	18	18
1 21 21	22	29	4	5 11	26	21	3 18 20	22	27	♌	28 5	21	19	5 25 10	22	26	27	23 5	19	19
1 25 7	23	♊	5	5 56	26	22	3 22 25	23	28	1	28 53	22	20	5 29 31	23	27	27	23 57	19	20
1 28 53	24	1	6	6 40	27	22	3 26 30	24	29	1	29 41	23	21	5 33 52	24	28	28	24 49	20	21
1 32 39	25	2	7	7 25	28	23	3 30 36	25	♋	2	0♍29	24	22	5 38 13	25	29	29	25 41	21	22
1 36 26	26	2	8	8 9	29	24	3 34 43	26	1	3	1 18	24	23	5 42 34	26	♌	♍	26 32	22	23
1 40 13	27	3	9	8 54	♍	25	3 38 50	27	2	4	2 6	25	24	5 46 55	27	1	1	27 24	23	23
1 44 1	28	4	10	9 38	1	26	3 42 58	28	3	5	2 55	26	25	5 51 17	28	2	2	28 16	24	24
1 47 50	29	5	10	10 23	1	27	3 47 7	29	4	6	3 44	27	26	5 55 38	29	3	3	29 8	25	25
1 51 39	30	6	11	11 8	2	28	3 51 17	30	5	7	4 33	28	27	6 0 0	30	4	4	0♎ 0	26	26

Sidereal Time	10 ♋	11 ♌	12 ♍	Ascen ♎	2 ♎	3 ♏	Sidereal Time	10 ♌	11 ♍	12 ♎	Ascen ♎	2 ♏	3 ♐	Sidereal Time	10 ♍	11 ♎	12 ♎	Ascen ♏	2 ♐	3 ♑
H. M. S.	°	°	°	° '	°	°	H. M. S.	°	°	°	° '	°	°	H. M. S.	°	°	°	° '	°	°
6 0 0	0	4	4	0 0	26	26	8 8 43	0	3	2	25 27	23	25	10 8 21	0	2	28	18 52	19	24
6 4 22	1	5	5	0 52	27	27	8 12 53	1	4	3	26 16	24	26	10 12 10	1	3	29	19 37	20	25
6 8 43	2	6	6	1 44	28	28	8 17 2	2	5	4	27 5	25	27	10 15 59	2	4	29	20 22	20	26
6 13 5	3	7	7	2 36	29	29	8 21 10	3	6	5	27 54	26	28	10 19 47	3	5	♏	21 6	21	27
6 17 26	4	7	8	3 28	♏	♐	8 25 17	4	7	6	28 42	27	29	10 23 34	4	6	1	21 51	22	28
6 21 47	5	8	9	4 19	1	1	8 29 24	5	8	6	29 31	28	♑	10 27 21	5	7	2	22 35	23	28
6 26 8	6	9	10	5 11	2	2	8 33 30	6	9	7	0♏19	29	1	10 31 7	6	8	3	23 20	24	29
6 30 29	7	10	11	6 3	3	3	8 37 35	7	10	8	1 7	29	2	10 34 53	7	8	4	24 4	25	♒
6 34 50	8	11	11	6 55	3	4	8 41 40	8	11	9	1 55	♐	3	10 38 39	8	9	4	24 49	26	1
6 39 11	9	12	12	7 46	4	5	8 45 44	9	12	10	2 43	1	4	10 42 24	9	10	5	25 33	26	2
6 43 31	10	13	13	8 38	5	6	8 49 47	10	13	11	3 30	2	5	10 46 8	10	11	6	26 17	27	3
6 47 51	11	14	14	9 29	6	7	8 53 49	11	14	12	4 18	3	6	10 49 52	11	12	7	27 1	28	4
6 52 10	12	15	15	10 21	7	8	8 57 51	12	15	13	5 5	4	7	10 53 36	12	13	7	27 46	29	5
6 56 30	13	16	16	11 12	8	9	9 1 52	13	16	13	5 52	5	8	10 57 19	13	14	8	28 30	♑	6
7 0 49	14	17	17	12 4	9	10	9 5 52	14	17	14	6 39	5	9	11 1 2	14	15	9	29 14	1	7
7 5 7	15	18	18	12 55	10	11	9 9 51	15	18	15	7 26	6	9	11 4 45	15	16	10	29 58	1	8
7 9 25	16	19	19	13 46	11	12	9 13 50	16	19	16	8 13	7	10	11 8 28	16	17	11	0♐42	2	9
7 13 43	17	20	20	14 37	12	13	9 17 48	17	20	17	8 59	8	11	11 12 10	17	17	11	1 27	3	10
7 18 0	18	21	21	15 27	13	14	9 21 45	18	21	18	9 45	9	12	11 15 52	18	18	12	2 11	4	11
7 22 17	19	22	22	16 18	14	15	9 25 42	19	22	19	10 32	10	13	11 19 33	19	19	13	2 55	5	12
7 26 33	20	23	23	17 9	14	16	9 29 38	20	23	19	11 18	10	14	11 23 15	20	20	14	3 39	6	13
7 30 49	21	24	24	17 59	15	17	9 33 33	21	24	20	12 4	11	15	11 26 56	21	21	15	4 24	7	14
7 35 4	22	25	25	18 50	16	18	9 37 28	22	25	21	12 50	12	16	11 30 37	22	22	15	5 8	8	15
7 39 19	23	26	25	19 40	17	19	9 41 22	23	25	22	13 35	13	17	11 34 17	23	23	16	5 52	8	16
7 43 33	24	27	26	20 30	18	20	9 45 15	24	26	23	14 21	14	18	11 37 58	24	24	17	6 37	9	17
7 47 46	25	28	27	21 20	19	21	9 49 8	25	27	24	15 6	15	19	11 41 39	25	24	18	7 22	10	18
7 51 59	26	29	28	22 10	20	22	9 53 0	26	28	25	15 52	15	20	11 45 19	26	25	18	8 6	11	19
7 56 11	27	♍	29	22 59	21	22	9 56 51	27	29	25	16 37	16	21	11 48 59	27	26	19	8 51	12	21
8 0 22	28	1	♎	23 49	22	23	10 0 42	28	♎	26	17 22	17	22	11 52 40	28	27	20	9 36	13	22
8 4 33	29	2	1	24 38	22	24	10 4 32	29	1	27	18 7	18	23	11 56 20	29	28	21	10 21	14	23
8 8 43	30	3	2	25 27	23	25	10 8 21	30	2	28	18 52	19	24	12 0 0	30	29	22	11 6	15	24

Sidereal Time	10 ♎	11 ♎	12 ♏	Ascen ♐	2 ♑	3 ♒	Sidereal Time	10 ♏	11 ♏	12 ♐	Ascen ♑	2 ♒	3 ♓	Sidereal Time	10 ♐	11 ♐	12 ♑	Ascen ♒	2 ♓	3 ♉
H. M. S.	°	°	°	° '	°	°	H. M. S.	°	°	°	° '	°	°	H. M. S.	°	°	°	° '	°	°
12 0 0	0	29	22	11 6	15	24	13 51 39	0	25	15	5 38	16	27	15 51 17	0	21	13	9 12	27	4
12 3 40	1	♏	22	11 51	16	25	13 55 28	1	25	16	6 33	17	29	15 55 27	1	22	14	10 35	28	5
12 7 20	2	1	23	12 37	17	26	13 59 18	2	26	17	7 29	18	♈	15 59 38	2	23	15	12 0	♈	6
12 11 1	3	1	24	13 23	18	27	14 3 9	3	27	18	8 26	20	1	16 3 49	3	24	16	13 26	1	7
12 14 41	4	2	25	14 8	18	28	14 7 0	4	28	19	9 23	21	2	16 8 1	4	25	17	14 54	3	9
12 18 21	5	3	25	14 54	19	29	14 10 52	5	29	19	10 21	22	3	16 12 14	5	26	18	16 23	4	10
12 22 2	6	4	26	15 40	20	♓	14 14 45	6	♐	20	11 19	23	5	16 16 27	6	27	19	17 54	6	11
12 25 43	7	5	27	16 27	21	1	14 18 38	7	1	21	12 18	25	6	16 20 41	7	28	20	19 25	7	12
12 29 23	8	6	28	17 13	22	2	14 22 32	8	2	22	13 18	26	7	16 24 56	8	29	21	20 59	9	13
12 33 4	9	7	28	18 0	23	3	14 26 27	9	2	23	14 19	27	8	16 29 11	9	♑	22	22 33	11	15
12 36 45	10	7	29	18 47	24	4	14 30 22	10	3	24	15 20	28	9	16 33 27	10	1	23	24 10	12	16
12 40 27	11	8	♐	19 34	25	6	14 34 18	11	4	25	16 23	♓	11	16 37 43	11	2	25	25 47	14	17
12 44 8	12	9	1	20 22	26	7	14 38 15	12	5	25	17 26	1	12	16 42 0	12	3	26	27 26	15	18
12 47 50	13	10	2	21 9	27	8	14 42 12	13	6	26	18 30	2	13	16 46 17	13	4	27	29 6	17	19
12 51 32	14	11	2	21 57	28	9	14 46 10	14	7	27	19 34	4	14	16 50 35	14	5	28	0♓47	18	20
12 55 15	15	12	3	22 46	29	10	14 50 9	15	8	28	20 40	5	16	16 54 53	15	6	29	2 30	20	22
12 58 58	16	13	4	23 35	♒	11	14 54 8	16	9	29	21 47	6	17	16 59 11	16	7	♒	4 13	21	23
13 2 41	17	13	5	24 24	1	12	14 58 8	17	9	♑	22 54	8	18	17 3 30	17	8	2	5 58	23	24
13 6 24	18	14	6	25 13	2	13	15 2 9	18	10	1	24 3	9	19	17 7 50	18	9	3	7 45	24	25
13 10 8	19	15	6	26 3	3	15	15 6 11	19	11	2	25 12	11	20	17 12 9	19	10	4	9 32	26	26
13 13 52	20	16	7	26 53	5	16	15 10 13	20	12	3	26 23	12	22	17 16 29	20	11	5	11 20	27	27
13 17 36	21	17	8	27 43	6	17	15 14 16	21	13	4	27 34	14	23	17 20 49	21	12	7	13 9	29	28
13 21 21	22	18	9	28 34	7	18	15 18 20	22	14	5	28 47	15	24	17 25 10	22	13	8	14 59	♉	♊
13 25 7	23	19	9	29 25	8	19	15 22 25	23	15	6	0♒ 1	16	25	17 29 31	23	14	9	16 50	2	1
13 28 53	24	19	10	0♑17	9	20	15 26 30	24	16	7	1 16	18	27	17 33 52	24	15	10	18 42	3	2
13 32 39	25	20	11	1 9	10	22	15 30 36	25	17	8	2 32	19	28	17 38 13	25	16	12	20 34	4	3
13 36 26	26	21	12	2 2	11	23	15 34 43	26	18	9	3 50	21	29	17 42 34	26	17	13	22 26	6	4
13 40 13	27	22	13	2 55	12	24	15 38 50	27	19	10	5 8	22	♉	17 46 55	27	18	14	24 19	7	5
13 44 1	28	23	14	3 49	14	25	15 42 58	28	20	11	6 28	24	1	17 51 17	28	19	16	26 13	9	6
13 47 50	29	24	14	4 43	15	26	15 47 7	29	20	12	7 49	25	3	17 55 38	29	20	17	28 6	10	7
13 51 39	30	25	15	5 38	16	27	15 51 17	30	21	13	9 12	27	4	18 0 0	30	22	19	0♈ 0	11	8

Sidereal Time	10 ♑	11 ♑	12 ♒	Ascen ♈	2 ♉	3 ♊	Sidereal Time	10 ♒	11 ♒	12 ♈	Ascen ♉	2 ♊	3 ♋	Sidereal Time	10 ♓	11 ♈	12 ♉	Ascen ♊	2 ♋	3 ♌
H. M. S.	°	°	°	° '	°	°	H. M. S.	°	°	°	° '	°	°	H. M. S.	°	°	°	° '	°	°
18 0 0	0	22	19	0 0	11	8	20 8 43	0	26	3	20 49	17	9	22 8 21	0	3	14	24 22	15	5
18 4 22	1	23	20	1 54	13	10	20 12 53	1	27	5	22 11	18	10	22 12 10	1	4	15	25 17	16	6
18 8 43	2	24	21	3 47	14	11	20 17 2	2	29	6	23 32	19	10	22 15 59	2	5	16	26 11	16	7
18 13 5	3	25	23	5 41	16	12	20 21 10	3	♓	8	24 52	20	11	22 19 47	3	6	18	27 5	17	8
18 17 26	4	26	24	7 34	17	13	20 25 17	4	1	9	26 10	21	12	22 23 34	4	7	19	27 58	18	9
18 21 47	5	27	26	9 26	18	14	20 29 24	5	2	11	27 28	22	13	22 27 21	5	8	20	28 51	19	10
18 26 8	6	28	27	11 18	20	15	20 33 30	6	3	12	28 44	23	14	22 31 7	6	10	21	29 43	20	11
18 30 29	7	29	28	13 10	21	16	20 37 35	7	5	14	29 59	24	15	22 34 53	7	11	22	0♋35	21	11
18 34 50	8	♒	♓	15 1	22	17	20 41 40	8	6	15	1♊13	25	16	22 38 39	8	12	23	1 26	21	12
18 39 11	9	2	1	16 51	23	18	20 45 44	9	7	16	2 26	26	17	22 42 24	9	13	24	2 17	22	13
18 43 31	10	3	3	18 40	25	19	20 49 47	10	8	18	3 37	27	18	22 46 8	10	14	25	3 7	23	14
18 47 51	11	4	4	20 28	26	20	20 53 49	11	10	19	4 48	28	19	22 49 52	11	15	27	3 57	24	15
18 52 10	12	5	6	22 15	27	21	20 57 51	12	11	21	5 57	29	20	22 53 36	12	17	28	4 47	25	16
18 56 30	13	6	7	24 2	28	22	21 1 52	13	12	22	7 6	♋	21	22 57 19	13	18	29	5 36	25	17
19 0 49	14	7	9	25 47	♊	23	21 5 52	14	13	24	8 13	1	21	23 1 2	14	19	♊	6 25	26	17
19 5 7	15	8	10	27 30	1	24	21 9 51	15	14	25	9 20	2	22	23 4 45	15	20	1	7 14	27	18
19 9 25	16	10	12	29 13	2	25	21 13 50	16	16	26	10 26	3	23	23 8 28	16	21	2	8 3	28	19
19 13 43	17	11	13	0♉54	3	26	21 17 48	17	17	28	11 30	4	24	23 12 10	17	22	3	8 51	28	20
19 18 0	18	12	15	2 34	4	27	21 21 45	18	18	29	12 34	5	25	23 15 52	18	23	4	9 38	29	21
19 22 17	19	13	16	4 13	5	28	21 25 42	19	19	♉	13 37	5	26	23 19 33	19	24	5	10 26	♌	22
19 26 33	20	14	18	5 50	7	29	21 29 38	20	21	2	14 40	6	27	23 23 15	20	26	6	11 13	1	23
19 30 49	21	15	19	7 27	8	♋	21 33 33	21	22	3	15 41	7	28	23 26 56	21	27	7	12 0	2	23
19 35 4	22	17	21	9 1	9	1	21 37 28	22	23	4	16 42	8	28	23 30 37	22	28	8	12 47	2	24
19 39 19	23	18	23	10 35	10	2	21 41 22	23	24	5	17 42	9	29	23 34 17	23	29	9	13 33	3	25
19 43 33	24	19	24	12 6	11	3	21 45 15	24	25	7	18 41	10	♌	23 37 58	24	♉	10	14 20	4	26
19 47 46	25	20	26	13 37	12	4	21 49 8	25	27	8	19 39	11	1	23 41 39	25	1	11	15 6	5	27
19 51 59	26	21	27	15 6	13	5	21 53 0	26	28	9	20 37	11	2	23 45 19	26	2	12	15 52	5	28
19 56 11	27	23	29	16 34	14	6	21 56 51	27	29	10	21 34	12	3	23 48 59	27	3	12	16 38	6	29
20 0 22	28	24	♈	18 0	15	7	22 0 42	28	♈	12	22 31	13	4	23 52 40	28	4	13	17 23	7	29
20 4 33	29	25	2	19 25	16	8	22 4 32	29	1	13	23 27	14	5	23 56 20	29	5	14	18 9	8	♍
20 8 43	30	26	3	20 49	17	9	22 8 21	30	3	14	24 22	15	5	24 0 0	30	6	15	18 54	8	1

PROPORTIONAL LOGARITHMS FOR FINDING THE PLANETS' PLACES

min	0	1	2	3	4	5	6	7	8	9	10	11	12	13	14	15	min
	degrees or hours																
0		1.3802	1.0792	9031	7782	6812	6021	5351	4771	4260	3802	3388	3010	2663	2341	2041	0
1	3.1584	1.3730	1.0756	9007	7763	6798	6009	5341	4762	4252	3795	3382	3004	2657	2336	2036	1
2	2.8573	1.3660	1.0720	8983	7745	6784	5997	5331	4753	4244	3788	3375	2998	2652	2331	2032	2
3	2.6812	1.3590	1.0685	8959	7728	6769	5985	5320	4744	4236	3780	3368	2992	2646	2325	2027	3
4	2.5563	1.3522	1.0649	8935	7710	6755	5973	5310	4735	4228	3773	3362	2986	2640	2320	2022	4
5	2.4594	1.3454	1.0615	8912	7692	6741	5961	5300	4726	4220	3766	3355	2980	2635	2315	2017	5
6	2.3802	1.3388	1.0580	8888	7674	6726	5949	5290	4717	4212	3759	3349	2974	2629	2310	2012	6
7	2.3133	1.3323	1.0546	8865	7657	6712	5937	5279	4708	4204	3752	3342	2968	2624	2305	2008	7
8	2.2553	1.3259	1.0512	8842	7639	6698	5925	5269	4699	4196	3745	3336	2962	2618	2300	2003	8
9	2.2041	1.3195	1.0478	8819	7622	6684	5913	5259	4691	4188	3737	3329	2956	2613	2295	1998	9
10	2.1584	1.3133	1.0444	8796	7604	6670	5902	5249	4682	4180	3730	3323	2950	2607	2289	1993	10
11	2.1170	1.3071	1.0411	8773	7587	6656	5890	5239	4673	4172	3723	3316	2944	2602	2284	1988	11
12	2.0792	1.3010	1.0378	8751	7570	6642	5878	5229	4664	4164	3716	3310	2939	2596	2279	1984	12
13	2.0444	1.2950	1.0345	8728	7552	6628	5867	5219	4655	4156	3709	3303	2933	2591	2274	1979	13
14	2.0122	1.2891	1.0313	8706	7535	6614	5855	5209	4646	4149	3702	3297	2927	2585	2269	1974	14
15	1.9823	1.2833	1.0280	8683	7518	6601	5843	5199	4638	4141	3695	3291	2921	2580	2264	1969	15
16	1.9542	1.2775	1.0248	8661	7501	6587	5832	5189	4629	4133	3688	3284	2915	2574	2259	1965	16
17	1.9279	1.2719	1.0216	8639	7484	6573	5820	5179	4620	4125	3681	3278	2909	2569	2254	1960	17
18	1.9031	1.2663	1.0185	8617	7467	6559	5809	5169	4611	4117	3674	3271	2903	2564	2249	1955	18
19	1.8796	1.2607	1.0153	8595	7451	6546	5797	5159	4603	4110	3667	3265	2897	2558	2244	1950	19
20	1.8573	1.2553	1.0122	8573	7434	6532	5786	5149	4594	4102	3660	3259	2891	2553	2239	1946	20
21	1.8361	1.2499	1.0091	8552	7417	6519	5774	5139	4585	4094	3653	3252	2885	2547	2234	1941	21
22	1.8159	1.2445	1.0061	8530	7401	6505	5763	5129	4577	4086	3646	3246	2880	2542	2229	1936	22
23	1.7966	1.2393	1.0030	8509	7384	6492	5752	5120	4568	4079	3639	3239	2874	2536	2224	1932	23
24	1.7782	1.2341	1.0000	8487	7368	6478	5740	5110	4559	4071	3632	3233	2868	2531	2218	1927	24
25	1.7604	1.2289	0.9970	8466	7351	6465	5729	5100	4551	4063	3625	3227	2862	2526	2213	1922	25
26	1.7434	1.2239	0.9940	8445	7335	6451	5718	5090	4542	4055	3618	3220	2856	2520	2208	1918	26
27	1.7270	1.2188	0.9910	8424	7319	6438	5707	5081	4534	4048	3611	3214	2850	2515	2203	1913	27
28	1.7112	1.2139	0.9881	8403	7302	6425	5695	5071	4525	4040	3604	3208	2845	2510	2198	1908	28
29	1.6960	1.2090	0.9852	8382	7286	6412	5684	5061	4516	4033	3597	3201	2839	2504	2193	1903	29
30	1.6812	1.2041	0.9823	8361	7270	6398	5673	5051	4508	4025	3590	3195	2833	2499	2188	1899	30
31	1.6670	1.1993	0.9794	8341	7254	6385	5662	5042	4499	4017	3583	3189	2827	2493	2183	1894	31
32	1.6532	1.1946	0.9765	8320	7238	6372	5651	5032	4491	4010	3576	3183	2821	2488	2178	1889	32
33	1.6398	1.1899	0.9737	8300	7222	6359	5640	5023	4482	4002	3570	3176	2816	2483	2173	1885	33
34	1.6269	1.1852	0.9708	8279	7206	6346	5629	5013	4474	3995	3563	3170	2810	2477	2169	1880	34
35	1.6143	1.1806	0.9680	8259	7190	6333	5618	5004	4466	3987	3556	3164	2804	2472	2164	1876	35
36	1.6021	1.1761	0.9652	8239	7175	6320	5607	4994	4457	3979	3549	3158	2798	2467	2159	1871	36
37	1.5902	1.1716	0.9625	8219	7159	6307	5596	4984	4449	3972	3542	3151	2793	2461	2154	1866	37
38	1.5786	1.1671	0.9597	8199	7143	6294	5585	4975	4440	3964	3535	3145	2787	2456	2149	1862	38
39	1.5673	1.1627	0.9570	8179	7128	6282	5574	4965	4432	3957	3529	3139	2781	2451	2144	1857	39
40	1.5563	1.1584	0.9542	8159	7112	6269	5563	4956	4424	3949	3522	3133	2775	2445	2139	1852	40
41	1.5456	1.1540	0.9515	8140	7097	6256	5552	4947	4415	3942	3515	3126	2770	2440	2134	1848	41
42	1.5351	1.1498	0.9488	8120	7081	6243	5541	4937	4407	3934	3508	3120	2764	2435	2129	1843	42
43	1.5249	1.1455	0.9462	8101	7066	6231	5531	4928	4399	3927	3502	3114	2758	2430	2124	1839	43
44	1.5149	1.1413	0.9435	8081	7050	6218	5520	4918	4390	3919	3495	3108	2753	2424	2119	1834	44
45	1.5051	1.1372	0.9409	8062	7035	6205	5509	4909	4382	3912	3488	3102	2747	2419	2114	1829	45
46	1.4956	1.1331	0.9383	8043	7020	6193	5498	4900	4374	3905	3481	3096	2741	2414	2109	1825	46
47	1.4863	1.1290	0.9356	8023	7005	6180	5488	4890	4366	3897	3475	3089	2736	2409	2104	1820	47
48	1.4771	1.1249	0.9331	8004	6990	6168	5477	4881	4357	3890	3468	3083	2730	2403	2099	1816	48
49	1.4682	1.1209	0.9305	7985	6975	6155	5466	4872	4349	3882	3461	3077	2724	2398	2095	1811	49
50	1.4594	1.1170	0.9279	7966	6960	6143	5456	4863	4341	3875	3454	3071	2719	2393	2090	1806	50
51	1.4508	1.1130	0.9254	7948	6945	6131	5445	4853	4333	3868	3448	3065	2713	2388	2085	1802	51
52	1.4424	1.1091	0.9228	7929	6930	6118	5435	4844	4325	3860	3441	3059	2707	2382	2080	1797	52
53	1.4341	1.1053	0.9203	7910	6915	6106	5424	4835	4316	3853	3434	3053	2702	2377	2075	1793	53
54	1.4260	1.1015	0.9178	7891	6900	6094	5414	4826	4308	3846	3428	3047	2696	2372	2070	1788	54
55	1.4180	1.0977	0.9153	7873	6885	6081	5403	4817	4300	3838	3421	3041	2691	2367	2065	1784	55
56	1.4102	1.0939	0.9128	7855	6871	6069	5393	4808	4292	3831	3415	3034	2685	2362	2061	1779	56
57	1.4025	1.0902	0.9104	7836	6856	6057	5382	4798	4284	3824	3408	3028	2679	2356	2056	1775	57
58	1.3949	1.0865	0.9079	7818	6841	6045	5372	4789	4276	3817	3401	3022	2674	2351	2051	1770	58
59	1.3875	1.0828	0.9055	7800	6827	6033	5361	4780	4268	3809	3395	3016	2668	2346	2046	1765	59
	0	1	2	3	4	5	6	7	8	9	10	11	12	13	14	15	

RULE: Add proportional log of planet's daily motion to log of time from noon, and the sum will be the log of the motion required. Add this to planet's place at noon, if time is p.m., but subtract if a.m., and the sum will be planet's true position. If Retrograde, subtract for p.m., but add for a.m.